09

中国国家博物馆
NATIONAL MUSEUM OF CHINA

中国国家博物馆国际博物馆学译丛

中国国家博物馆国际博物馆学译丛

《数字时代的博物馆：新媒体与新中介》

编者简介

雷吉娜·博纳富瓦，艺术史专业博士，现任纳沙泰尔大学艺术史和博物馆学教授。此前，她曾担任德国柏林博物馆雕塑部助理策展人（2000—2001）、纳沙泰尔大学艺术史和博物馆学助理教授（2001—2006）和纳沙泰尔大学艺术史和博物馆学研究所所长（2008—2013）。主要研究领域包括艺术史、博物馆史，近年来开始涉猎数字艺术与博物馆展陈的融合。

梅丽莎·雷拉，艺术与电影史专业硕士，纳沙泰尔大学艺术史专业博士。

译者简介

戴畋，北京大学信息管理系硕士。中国国家博物馆数据管理与分析中心数据应用室室主任。主要研究方向为智慧博物馆标准化体系研究、智慧博物馆建设中知识产权问题研究、智慧博物馆知识图谱与智能问答研究等。在《中国博物馆》《科学教育与博物馆》《博物馆管理》等刊物发表论文近十篇。

THE MUSEUM
IN THE DIGITAL AGE

数字时代的博物馆

新媒体与新中介

〔德〕雷吉娜·博纳富瓦　〔德〕梅丽莎·雷拉——编著

戴畈——译　张久珍——审校

中国出版集团　东方出版中心

图书在版编目（CIP）数据

数字时代的博物馆：新媒体与新中介 /（德）雷吉
娜·博纳富瓦,（德）梅丽莎·雷拉编著；戴畋译. --
上海：东方出版中心,2024.1
　　（中国国家博物馆国际博物馆学译丛 / 王春法主编）

　　ISBN 978-7-5473-2314-4

　　Ⅰ.①数… Ⅱ.①雷… ②梅… ③戴… Ⅲ.①数字技
术 - 应用 - 博物馆 - 研究 Ⅳ.① G26-39

中国国家版本馆 CIP 数据核字（2023）第 234949 号

Published with the permission of Cambridge Scholars Publishing.
本书中文简体版专有出版权经由中华版权代理有限公司代理授予东方出版中心有限公司。

上海市版权局著作权合同登记 图字：09-2023-1100 号

数字时代的博物馆：新媒体与新中介

编　　著　[德]雷吉娜·博纳富瓦　[德]梅丽莎·雷拉
译　　者　戴　畋
审　　校　张久珍
丛书筹划　刘佩英　肖春茂
责任编辑　周心怡　徐建梅
封面设计　钟　颖

出 版 人　陈义望
出版发行　东方出版中心
地　　址　上海市仙霞路 345 号
邮政编码　200336
电　　话　021-62417400
印 刷 者　徐州绪权印刷有限公司

开　　本　710mm×1000 mm 1/16
印　　张　10
字　　数　100 千字
版　　次　2024 年 1 月第 1 版
印　　次　2024 年 1 月第 1 次印刷
定　　价　59.00 元

编辑委员会

主　　编：王春法

执行主编：丁鹏勃

编　　委：王春法　杨　帆　陈成军　刘万鸣　丁鹏勃
　　　　　陈　莉　张伟明　潘　涛　朱扬明

统　　筹：潘　晴　王云鹏　陈淑杰

编　　务：夏美芳　王洪敏　马玉梅　童　萌　孙　博

总序

关于建设中国特色博物馆学的若干思考

中国国家博物馆馆长　王春法

一

　　在现代社会的公共文化机构中，博物馆是一个非常独特的存在。就其功能而言，博物馆毫无疑问是保护和传承人类文明的重要殿堂，是连接过去、现在和未来的桥梁，同时在提升社会审美意识、促进世界文明交流互鉴方面也具有特殊作用，因而具有历史、文化、艺术等多重属性。按照国际博物馆协会的定义，博物馆是"为社会服务的非营利性常设机构，它研究、收藏、保护、阐释和展示物质与非物质遗产。它向公众开放，具有可及性和包容性，促进多样性和可持续性。博物馆以符合道德且专业的方式进行运营和交流，并在社会各界的参与下，为教育、欣赏、深思和知识共享提供多种体验"。从历史发展来看，无论在中国还是在外国，现代意义上的博物馆都是从最初的私人收藏、个人把玩、小众欣赏向信托基金收藏、社会化展示、学术界研究宣介转变发展而来的。而且随着社会的发展进步，博物馆的类型也越来越多种多样，从私人博物馆到公立博物馆，从艺术博物馆到综合博物馆，从历史博物馆到考古博物馆，从行业专题博物馆到综合性博物馆，以及难以计数的由名人故居改造而来的纪念馆、艺术馆等等，形态各异，丰富多彩。与此相适应，博物馆的藏品类型也从简单的艺术品收藏，比如绘画雕塑、金银玻璃等传统意义上的艺术品，扩大到生产器具、生活用品、古籍善本、名人手稿等各类反映社会生活发展进步的代表性物证；博物馆展览展示活动则从传统的引导鉴赏审美扩大到促进对人类自身演进历史的回顾与反思，成为历史记忆与文化基因互映、鉴赏审美与教化引导同存、创造新知与休闲娱乐并行的重要公共文化产品，博物馆也由此成为享受精神文化生活、消费精神文化产品的重要公共场所，成为城市乃至国家的文化地标。

现代博物馆的突出特点是其藏品的公共性而非私密性、鉴赏的大众性而非小众性，展览展示的导向性而非随机性，体现在藏品来源、展览展示以及社会导向等方面，其中在观众结构上表现得最为突出和充分。一般来说，现代博物馆已经突破了小众鉴赏的局限性，通过导向鲜明的展览展示活动把观众拓展为社会大众，这一群体既有稚龄幼童和中小学生，也有青年观众和耄耋老人；既有在地观众，也有跨区观众；既有国内观众，也有国外观众。他们来自各行各界，通过参观展览在博物馆里寻找各自的思想情感载体，沉浸其中，享受其中，带着不同的感悟收获而去，并在这个过程中与博物馆进行高强度的思想理念情感互动，推动塑造着城市或者国家的文化形象。如果我们要在较短的时间内比较系统深入地了解一座城市或一个国家，那最好的方法就是去参观博物馆；一座城市如果没有博物馆，那就不能说是一座有文化的城市；一个国家的博物馆展览展示水平如果不那么尽如人意，也没有几次具有国际影响力和巨大视觉冲击力的重要展览展示，那也就不能说这个国家的文化发展到了较高水平。正是在这个意义上，我们说博物馆是一座城市或者说一个国家的公共文化窗口、文化客厅。

随着网络信息技术的飞速发展，社会形势正在发生重大变化，博物馆传统的组织架构、产品形态、运维模式、管理机制甚至员工技能条件和要求都在为适应形势变化作调整。首先是藏品形态以及管理方式发生了重要变化，数字化收藏和数字化管理成为重要趋势，以数字方式存储的各种资料、数据、图像正在成为新的重要藏品形态，藏品管理也越来越借助于信息技术手段，通过对藏品本体进行二维或三维数据采集形成的藏品数据规模也越来越大，博物馆的核心资源正在从实物藏品向海量数据转变；其次是数字化展示已经成为博物馆展览的常态化趋势，如依托线下展览形成的网上展览、无实体展览支撑的虚拟展览、依托大数据和人工智能建设的线下数字展厅和智慧展厅、各种各样的沉浸式展示体验等，与此相适应的社会教育和媒体传播也深受观众欢迎，往往形成现象级传播效果；最后，依托博物馆明星文物开发形成的文化创意产品、依托重要展览衍生的出版物以及其他周边产品等规模越来越大，社会影响也极为广泛，社会效益和经济效益也都十分可观。当然，在网络信息技术的支持下，博物馆的安全运维、设备管理、后勤服务等方面更是发生了根本性变化。我们经常强调现在博物馆正在经历三级跳甚至四级跳，即从传统意义上以实物为核心资源的博物馆转向以观众为核心的新博物馆阶段，再到以办公自动化为主要形式的信息化阶段，进而转到以数字化呈现为核心的数字博物馆阶段，目前则正在向以数据资源为核心的智慧博物馆转变，数字藏品、元宇宙等等就是博物馆与数字信息技术在这方面的最新探索。

二

中国的博物馆事业肇始于 20 世纪初学习西方先进文化的时代背景中，迄今已经走过了一百多年的发展历程。中华人民共和国成立以来，博物馆事业作为党领导的国家文化事业的重要组成部分，不仅自身迅速发展繁荣，形成涵盖综合类、历史类、艺术类、遗址类、人物类、科技类、纪念馆类等类型多样的庞大博物馆体系，而且积极回应国家和社会需求，主动承担历史、时代、民族和国家赋予的使命，在收藏和保护文物、举办展览、开展社会教育活动、满足人民精神文化需要、向世界展示中国风采等方面发挥了重要作用。特别是党的十八大以来，习近平总书记高度关注、重视文物博物馆工作，多次到博物馆考察调研，对博物馆工作作出一系列重要指示批示，博物馆事业得到高速发展、空前繁荣，在促进人的全面发展、引导社会价值理念和反映社会进步成就方面发挥的作用不断彰显，作为文明交流互鉴窗口和平台的作用日益突出。有资料表明，1996年我国仅有博物馆1 210座，到2019年全国备案博物馆已达到5 535座，年均增加近200座新博物馆。2019年，全国举办展览近3万个，年观众总量在12亿人次以上。即使在深受新冠疫情冲击的2021年，我国新增备案博物馆也高达395家，备案博物馆总数达6 183家；全年举办展览3.6万个，举办教育活动32.3万场；全年接待观众7.79亿人次；适应疫情防控需要，策划推出3 000余个线上展览、1万余场线上教育活动，网络总浏览量超过41亿人次。其中，中国国家博物馆、故宫博物院等都是在国内外具有广泛影响、深受观众欢迎的世界知名博物馆。大体来说，当代中国博物馆事业发展具有以下几个突出特点：

一是强有力的政府支持。与西方发达国家主要通过各种基金会对博物馆提供间接支持赞助不同，我国博物馆中有三分之二属国有博物馆，而且各类博物馆都可以通过不同方式获得直接财政支持，馆舍建设、藏品征集、安全运维、免费开放等等都是如此。与此同时，中央以及地方政府还出台不同政策对博物馆事业发展提供强有力的政策支持。正因为此，国内博物馆建设发展速度很快，年均新增200多座新博物馆，目前已经实现平均每25万人一座博物馆的"十三五"规划预定目标。没有党和政府的强有力支持，就没有今天我国博物馆事业繁荣发展的大好局面。

二是鲜明的历史导向。中国有百万年的人类史，一万年的文化史，五千多年的文明史，为我国博物馆事业发展提供了丰富的历史文物资源。正因为如此，我国博物馆的主体是历史类博物馆，包括各种依托考古遗址建设的博物馆、依托名人故居或重大事件发生地建设的纪念馆等等，即使是综合类博物馆或行业博物馆也大多是以历史文物藏品或展览为主。这样一种组织体系决定了博物馆工作鲜明的历史导向，在文物征集收藏上比较注重历史价值，在阐释解读上比较倾向于以物说史、以物释史、以物证史，强调对历史文化的深层次探索和解读。相对来说，博物馆工作中关于美的历史展示，关于公众审美意识和审美能力的引导培养，还有很大的发展和提升空间。

三是锚定一流的设施配备。由于我国现有博物馆绝大多数都是改革开放以来三四十年间新建或者是完成改扩建的，无论是馆舍建筑设计，还是配备的设备设施，都是着眼于世界或国内一流水平来规划安排的，所以，我国现有博物馆基础设施大都非常先进，硬件方面堪称一流，馆舍也很壮观，是当之无愧的文化地标，许多省级博物馆乃至地市博物馆也都建设得气势恢宏，硬件条件不逊于一些外国国家博物馆，这在很大程度上得益于后来居上的后发优势。与此相对照，关于博物馆的微观组织架构和管理体制机制则受苏联理念风格的影响较大，部门之间分工明确，行政主导特点鲜明，具体工作依项目组织运行，策展人的权责地位则不够明确突出。

四是馆藏总体规模相对偏小。在看到我国博物馆飞速发展的同时，我们也要清醒地看到，我国博物馆的藏品规模总体上还是比较小的，全国第一次可移动文物普查数据显示，总量只有1.08亿件（套），其中各级各类博物馆藏品只有近4 200万件（套），全国博物馆藏品规模尚不及美国史密森学会（Smithsonian Institution）博物馆群1.57亿件的藏品规模，号称国内藏品最多的故宫博物院藏品只有 186 万余件（套），中国国家博物馆只有 143 万余件（套），较之大英博物馆、纽约大都会艺术博物馆动辄数百万件的藏品规模相去甚远，这又从另一个方面反映了中国博物馆发展空间巨大，任务更加艰巨复杂。

五是学术研究基础亟待加强。博物馆是一本立体的百科全书，学术研究是博物馆一切工作的基础，没有高水平的学术研究就没有高质量的征集保管，也没有高水平的展览展示，更没有引人入胜的教育传播活动。传统上，我国博物馆普遍比较重视展览展示和讲解社教，学术研究基础总体上则比较薄弱，而且不同博物馆研究实力和学术水平也很不均衡。一般来说，各省省级博物馆和部委属专题博物馆的研究机构设置和研究人员配备情况相对好些，地级市及以下博物馆比较弱些，非国有博物馆则几乎谈不上学术研究。总体来看，博物馆在藏品和展示方面呈现出越往上越好、越往下越差的三角状态。无论是承担学术研究项目，还是学术人才配备，这种梯级分布情况都十分明显。

六是国际策展人明显不足。博物馆展览是一项综合性工作，需要策展人是多面手，把符合博物馆功能定位的展览意图与社会观众的普遍预期有机结合起来。一方面，要选好展览主题，多方面争取和筹集经费，从不同单位协调展品，熟悉展品的基础信息和学术研究进展情况，准确把握观众需求和期待；另一方面又要做好展览的内容设计、空间设计、平面设计和灯光设计，不仅仅要把藏品摆出来，而且要摆得好、摆得到位，既能够让普通观众清楚明白地了解到策展人的展览主旨和斟酌脉络，又要让具有相当研究欣赏水平的观众能够对特定藏品进行近距离观赏和思考。在国际层面上，由于展览肩负文明交流互鉴的重任，而各博物馆的功能定位不同，中外博物馆策展理念存在明显差异，真正具有国际视野、能够推进国际展览的专门化策展人才严重不足，能够有效向国外推介中国博物馆展览的优秀人才则更是凤毛麟角。反映在展览交流上，就是我们处于严重的入超状态，即引进来的多，走出去的少；走出去的展览中古代的多，近现代的少；在走出去的古代展览中，靠展品取胜的多，依靠展览叙事产生重大影响的少。要改变这种情况，就必须加大对策展人的培养力度，形成一大批具有国际视野和能力的国际化策展人，真正推动中华文化走出去。

令人振奋的是，进入 21 世纪第二个十年以来，在以习近平同志为核心的党中央的关心和支持下，人民群众关注博物馆、参观博物馆、支持博物馆建设的热情更加高涨，我国博物馆事业发展明显加速，呈现出空前积极健康向上的良好发展势头。从博物馆自身发展来看，共同的趋势是更加突出观众为本的价值理念，更加强调展览展示是博物馆最重要的公共文化服务产品、策展能力是博物馆的核心能力，博物馆作为历史文化解读者的权威地位受到更多方面因素的影响，博物馆周边产品的延伸活化功能得到前所未有的关注和发展，网络信息技术手段得到广泛应用，文化客厅的地位作用更加突出，更加重视塑造提升博物馆的社会公众形象，更加突出征藏展示活动的评价导向功能。在这种情况下，博物馆作为一个相对独立的自主知识体系载体，如何能够更充分地留存民族集体记忆，如何更系统完整地展示中华文明的源远流长、绵延不绝和灿烂辉煌，如何更大力度地以中华文化走出去来促进文明交流互鉴，如何更有效地处理好保存历史与技术应用之间的关系，如何更多地创造分享社会发展新知，都成为时代提出的一些紧迫而直接的严峻挑战，要求我们广泛吸取各方面的智慧和启示，明确未来的发展方向，不断推进理论探索和实践创新，为世界博物馆事业发展提供中国方案、贡献中国力量。

三

概括起来看，无论是在中国，还是在外国，博物馆相关的知识体系大体上可以分为三大类：一类是关于文物藏品的学问，我们称之为文物学。在这个大类之下，各种关于不同类型文物藏品的研究都可以称之为一门专门学问，比如研究青铜器的，研究绘画作品的，研究雕塑的，研究玉器的，研究陶瓷的，研究钱币的，研究不同时代历史文物的，研究不同艺术流派的，研究民族民俗文物的，等等。一类是关于历史文化研究的，大致可以归为历史学的范畴。国内博物馆一般是依据历史时代进行断代史相关研究的，比如夏商周、先秦史、秦汉史、三国两晋南北朝史、隋唐史、宋元明清史、近代史、现代史、当代国史研究等等。欧美国家的博物馆由于藏品来源不同，大多按不同地区分为希腊罗马、埃及、中东、远东、印度等不同研究方向，依托馆藏文物藏品进行研究、展览以及征集等。比如，卢浮宫博物馆分设有希腊、伊特鲁里亚和罗马文物、埃及文物、东方文物、伊斯兰艺术、拜占庭与东方基督教艺术、绘画、版画与素描、雕塑和装饰艺术九个藏品部门。还有一类是研究博物馆管理的，包括征藏、文保、展览、教育、传播、设备、安全等等，这部分研究工作可以称为博物馆学。从这个意义来说，所谓博物馆学实际上就是博物馆管理学，核心内容就是研究博物馆运维的内在规律，包括征集工作规律、保管工作规律、学术研究工作规律、展览展示工作规律、社教传播工作规律、观众服务工作规律、文化创意工作规律、安全保障工作规律等等。总体上来说，这三方面的学问构成了现代博物馆知识体系的主体部分。自然历史博物馆和艺术博物馆则另当别论。

就博物馆的藏品研究来说，与大学或专门研究机构有着明显的不同。一般来说，大学研究或专门学术机构研究以文献为主，即使用到文物，也大多是引以为证。而博物馆的藏品研究则大多以文物为中心展开，对其产生、传承、功能、形态、材质、纹饰、图案等等从多方面展开研究，深入挖掘文物的历史价值、文化价值、审美价值、科技价值以及时代价值。这种研究固然需要具备深厚的历史背景和扎实的专业功底，但研究的对象始终是以物为中心，在这个过程中展现出广博的学科视野和深厚的知识储备，旁征博引，求真解谜，以释其真、其美、其重要，而由此得出的结论总脱不开物之真伪，并据此达到以物证史、以物释史、以物说史之目的。有物则说话，无物则不说话，有多少物则说多少话，至于由此物进行复杂的逻辑推演并获致更大范围内适用的结论，这在大多数情况下不是博物馆藏品研究的特点。从这个意义上来说，博物馆有多少藏品就会有多少研究专业或研究方向，每一件藏品的研究都是独一无二的，藏品研究的结论在很多情况下和很大程度上都只是对人类旧有知识或佚失知识的再发现，所以，要为人类知识宝库增加新的知识的话，就还需要通过上升到更高层面，比如历史学、艺术学等等来提炼或者归纳。因此，尽管博物馆藏品研究是学术研究的一个大类，研究领域、研究方向或者说研究课题纷繁复杂，但藏品研究本身并不构成一个独立的学科体系。这个结论对于文物学这个概念也是适用的。博物馆藏品大多属于文物，关于文物的研究可以用文物学来指称，但文物种类千差万别，对文物的研究缺乏一个共同的理论基础，试图用文物学这样一个大筐把博物馆藏品研究纳入其中，以此论证文物学作为一个学科存在的科学性，在很大程度上是难以成立的，因为大多数情况下文物之间的联系是偶然的而非必然的。

另一方面，在博物馆从事的科学研究大多是跨学科研究。对任何一件馆藏品的研究，都可以从多角度、多维度来进行把握，涉及自然科学和社会科学、工程技术等诸多学科领域，涉及历史学、美学、艺术学、理学、工学等各个学科门类的知识。举例言之，同样是研究大盂鼎，高校科研院所可能会将视角主要集中于器型、铭文或其功用之上，着眼于审美价值和历史价值；博物馆专家学者则需要从材质、工艺、纹饰、铭文、递藏过程等多维度来把握，需要科技史、文化史、文字学等多学科支撑，只有这样才能全面立体地展现大盂鼎的历史价值、文化价值、审美价值、科技价值和时代价值，向社会公众传达"国之重器"应有的教化意义。与此相适应，博物馆的学术研究是有明确应用指向的，研究成果要服务于博物馆的各项业务工作。围绕藏品进行研究是博物馆研究的基础，科研工作目标方向就是要以促进藏品征集、藏品保管、文物保护、展览策划、社会教育、公众服务、新闻传播等业务工作为导向，实现科研成果的直接转化。正因为如此，博物馆藏品或者说文物研究人员往往被称为专家而不是学者，因为相对于理论探索来说，博物馆藏品研究更多地是应用研究或者开发研究，虽然做的许多工作是基础性工作。

相比之下，博物馆学确实是一门综合性学科，关于博物馆学的研究可以从多个维度来展开，比如社会学、传播学、展览学、设计学、管理学、文化学等等。从我国的情况来看，博物馆学在形式上已经具有了作为一门成熟学科的主要条件，包括拥有中国博物馆协会这样一个学术组织，办有一批以博物馆为主题的专业刊物，而且南开大学很早就设立了博物馆学专业并且开始招生，甚至也定期进行博物馆定级评估并给予相关奖励，但作为一门生存和发展于历史学与考古学夹缝之中的交叉学科，博物馆学对自身的学科属性和专业定位长期模糊不清，学术研究也很难深入，这种复杂情况既可以在博物馆相关刊物的论文结构分布中清楚地看出来，也可以在专业基础对学生的就业方向影响不是特别显著这一方面呈现出来。之所以如此，一个重要原因就是博物馆研究缺乏符合博物馆实际而且特有的共同理论基础，在研究中要么主要是工作介绍，要么是经验归纳，既缺乏深入的理论挖掘，也缺少给人以启迪的思想提炼，以至于在全社会形成博物馆热的良好氛围之下，关于博物馆学的研究仍然冷冷清清，缺乏高度启示性、理论性的优秀学术著作，博物馆学相关研究成果对博物馆实际工作的指导作用也乏善可陈。因此，建设和发展中国特色博物馆学已是极为紧迫的。

关于建设中国特色博物馆学，王宏钧先生主编的《中国博物馆学基础》当属开山奠基之作，苏东海先生的《博物馆的沉思》等也进行了深入的思考和探索，但前者偏重于博物馆业务实践的归纳提炼，可称为博物馆微观管理学；后者偏重于博物馆事业发展的思辨和思考，属于博物馆一般理论。那么，中国特色博物馆学的理论基础到底是什么？这实际上是缺乏充分共识的。我个人认为，博物馆学的理论基础既可以是传播理论，也可以是知识管理理论，其核心包括以代际传承为主要内容的纵向传承和以展览为载体的横向扩散，当然随着网络信息技术的发展又有了赛博传播，从某种意义上可以说，博物馆的全部工作都是围绕着这三个维度展开的。以纵向传承来说，相关的研究包括藏品征集、藏品管理、库房管理、文物保护、藏品修复等，其中藏品的真伪之辨、新修之变、修旧如旧等实际上是要解决知识的确定性问题；以横向扩散来说，相关的研究则有展厅管理、展览策划、展览设计、展览制作、社教讲解、媒体传播、文化创意、国际交流等，其中的展览—传播—国际交流在形式上是社会教育，在实际上则是要解决知识的有效流动及其效率问题；以赛博传播来说，相关的研究则有博物馆信息技术、数据管理、在线展览、虚拟展厅、网络媒体、舆情监测、形象管理等，其中的数据、网民等实际上既是知识流动问题，也是网络信息时代博物馆形态变化的大背景下文物—观众关系发生时空转变的问题。而为了做好这些工作，中国特色博物馆学还应该有相应的基础工作，包括观众服务、设备管理、人力资源管理、财务管理、后勤管理、场馆运维、安全管理，以及涉及博物馆宏观管理的博物馆标准体系、博物馆政策法规等等。当然，也有学者提出要建立博物馆的知识图谱，这个问题值得商榷，因为历史上留下来的各种物质文化遗存是高度随机的，有时关于这些物质文化遗存的知识也是高度不确定的，而知识图谱需要在不同知识概念之间建立强逻辑联系，要把这样两种不同属性的事物融合起来，是需要超长时间的知识积累和研究支撑的，因而在效果上和方向上是难以实现的。

四

我们建设中国特色博物馆学，必须了解世界博物馆发展的总体趋势；我们创建世界一流博物馆，也必须把握世界一流博物馆的共同特点。在这方面，总的信息数据和研究基础都不那么令人满意。比如说，关于世界博物馆总量，一直没有准确数字，据估算在20世纪30年代约有7 000座，70年代中期增加到2万多座，到80年代增加到8.5万座左右。但依据《世界博物馆》（*Museums of the World*）2012年版对202个国家的统计，博物馆数量为55 097座。根据联合国教科文组织的研究报告，2020年全世界的博物馆数量自2012年以来已增长了近60%，达到约9.5万家。2021年4月，联合国教科文组织以同年3月开展的在线调查所得数据为基础，报告了全球10.4万家博物馆现状。不同来源数字的差距之所以如此之大，主要是不同机构对博物馆的界定标准千差万别，统计报告的范围各不统一。总体上看，博物馆界倾向于从严控制范围，因而得到的数字小些；而联合国教科文组织倾向于从宽掌握范围，所以得到的数字大些。无论如何，世界各国博物馆数量呈现出持续增长的趋势，这既说明博物馆在承担国家文化政策功能方面的地位日益突出，也反映了经济社会发展为博物馆建设提供的支持更加强劲有力。

然而，博物馆数量的增长并不等同于质量和水平的提升，后者主要通过博物馆结构反映出来，而其中最重要的指标就是世界一流博物馆的数量与影响力。尽管博物馆形态多种多样，规模属性不一，但究竟什么样的博物馆才是世界一流博物馆，从来没有一个准确的界定，主要是出自口碑，包括观众评价或业界评价。一般来说，要成为世界一流博物馆，需要在多方面达到世界一流水平，比如藏品水平、研究水平、展览水平以及社会教育水平、综合运维、社会影响等等，它们共同构成世界一流博物馆的基本指标体系。

其一，藏品规模大。世界一流博物馆一般都具有藏品丰富的突出特点，不仅数量多，而且质量好、价值高，拥有一批举世公认、人人希望一睹"芳颜"的稀世珍宝，这些珍宝或者是历史文物，或者是艺术品。纽约大都会艺术博物馆、大英博物馆、艾尔米塔什博物馆、卢浮宫博物馆等世界闻名的一流博物馆，其藏品规模都在数十万乃至百万件以上，比如大英博物馆拥有藏品800多万件，来自埃及的罗塞塔碑、法老阿孟霍特普三世头像以及来自中国的《女史箴图》等堪称明星级珍贵藏品；法国卢浮宫博物馆拥有藏品近50万件，其中断臂维纳斯雕像、《蒙娜丽莎》油画和胜利女神石雕被誉为"世界三宝"；纽约大都会艺术博物馆藏品超过150万件，仅15世纪至今的世界各地服装即超过3.3万件；艾尔米塔什博物馆拥有注册藏品318万多件，包括达·芬奇的《利达圣母》与《持花圣母》、拉斐尔的《圣母圣子图》和《圣家族》、提香的《丹娜依》和《圣塞巴斯蒂安》、伦勃朗的《浪子回头》、鲁本斯的《酒神巴库斯》等等。这些博物馆大多历史悠久，藏品丰富，质量水平突出，形成馆以物名、物以馆重的良性互动机制。

其二，综合性博物馆。世界一流博物馆大多是综合性博物馆，其藏品结构和业务方向既要有历史性，也要有艺术性，还要有文化性，但总体上看历史文化是主基调、主旋律、主方向。比如，纽约大都会艺术博物馆的藏品就包括各个历史时期的建筑、雕塑、绘画、素描、版画、照片、玻璃器皿、陶瓷器、纺织品、金属制品、家具、武器、盔甲和乐器等，其展览涉及的范围更广。艾尔米塔什博物馆的藏品包括1.7万幅绘画，1.2万件雕塑，62万幅版画和素描作品，近81万件出土文物，近36万件实用艺术品，超过112万枚钱币，以及古代家具、瓷器、金银制品、宝石等。俄罗斯国家历史博物馆不仅拥有500多万件藏品，比如超过50万年的旧石器时代物品、远古时代的巨大象牙、俄国最早的楔形文字记录与武器发展等，以及反映现代俄罗斯历史变迁的重要展览物，还有1 400多万份文档资料。由此可见，不管名字为何，世界一流博物馆肯定不应该是专题性博物馆，而是综合性博物馆，它们应该都能够进行宏大叙事，构建完整的话语表达体系，对公众起到教化作用。

其三，展览形态多样。作为公共文化机构，博物馆最重要的公共文化产品是展览，最核心的竞争力是策展能力。能否持续不断地推出在社会上产生巨大影响力的现象级展览，这是判断一座博物馆绩效水平的重要指标。世界一流博物馆无不以展厅多、展览多见长，有些博物馆建筑本身就是精美的展品。举例来说，卢浮宫拥有403个展厅；奥赛博物馆拥有80个展厅；大英博物馆则有60余个常年对外开放的固定展馆，有的展馆涵盖了多个展厅；纽约大都会艺术博物馆拥有248个展厅，常年展出服装、希腊罗马艺术、武器盔甲、欧洲雕塑及装饰艺术、美国艺术、古代近东艺术、中世纪艺术、亚洲艺术、伊斯兰艺术、欧洲绘画和雕塑、版画、素描和照片、现当代艺术、乐器等，另外还有一些临时展览；艾尔米塔什博物馆拥有10座建筑、500多个展厅，其陈列展览既有宫廷原状陈列如沙皇时代的卧室、餐室、休息室、会客室等，也有专题陈列如金银器皿、服装、武器、绘画、工艺品等，还有既保留原状又有所改变的陈列，比如在原物之外又增加了许多展品。一般来说，这些展览都展示了人类历史上不同时期的艺术瑰宝，琳琅满目，恢宏大气，充分体现出各个时代的代表性技艺和艺术水准。

其四，具有强大话语权。世界一流博物馆的话语权主要在于强大的文化解释权，包括学术话语权和文物释读权，其基础在于丰富的研究资源和雄厚的研究实力，而来源则是强大的研究力量。无论在藏品征集鉴定、学术研究、展览展示、国际联络等方面，还是在教育传播、文创开发、安全运维、综合管理等方面，世界一流博物馆都拥有一批业内公认的顶尖专家和学术领军人才，他们在业内有学术影响力，在公众中间有社会影响力，在许多方面能够起到一锤定音的权威作用。他们在专业学术刊物上发表文章，在专业学术会议上发表演讲，在专业学术团体中拥有重要位置，在公共媒体或自媒体上不断发表观点，而在这些情况下，他们都会引起业界和公众的广泛关注，并加上引用、转发和传播，成为有关研究和宏观决策的重要依据。一定意义上，他们是权威专家，他们的声音就是比普通员工有更大的传播声浪。比如说，在藏品征集或文物定级中，他们的观点可能直接决定着博物馆是否会征藏某件文物，或者一件文物被定级为珍贵文物还是普通参考藏品。

其五，具有行业引导力。世界一流博物馆之所以具有行业引导力，主要是由四个因素决定的：一是站得高，即世界一流博物馆在看事情、想问题、作决策时，绝不仅仅从本馆的角度出发，而往往是从人类历史文化或者是艺术发展的角度来作判断的，具有更高的历史站位和专业站位；二是看得远，即世界一流博物馆的决策更具有战略性，既要立足当下，更会着眼长远，对其征藏、展览、研究、人才、传播等行为的社会影响更加看重一些，挖掘得更深更细一些；三是想得透，也就是对世界与社会发展大势、行业发展主流形态、面临的突出问题、解决的具体举措以及未来的发展方向等有着更加深入的思考，不断推出新思想、新理念，凝练提升为新模式、新方案，形成业界共识，起到引领示范作用；四是做得好，即世界一流博物馆不仅有行动指南，更重要的是有具体落实行动，把蓝图变成现实，成为人人看得见、摸得着、享受得了的具体成果，而且这些行为又是可学习、可借鉴、可模仿的。就其本质来说，行业引导力主要是思想引导力、理念引导力，归根到底也是学术引领力。

其六，具有国际性的社会美誉度。世界一流博物馆普遍具有较高的社会美誉度，而且这种美誉度是跨行业、跨区域甚至也是国际性的。我们说一家博物馆具有较高的社会美誉度，主要是从这样几个方面来把握的：一是它的业务工作大多达到了较高的专业技术水平，比较规范，也比较专业，能够得到业界专家的高度评价和认可；二是它所推出的公共文化产品和服务具有较高的质量和水平，无论是展览展示还是观众服务或者是文创传播，都能得到社会公众的广泛认可和好评，在媒体上或者观众心目中都有比较好的口碑；三是运维管理安全有序，能够高质量完成委托交办的任务，履职尽责到位，为政府管理的绩效评价增光添彩，实现社会效益和经济效益的高度统一，得到政府部门的充分认可和高度评价；四是在国际上有较高的知名度和美誉度，国外的社会知晓率较高，在观众构成中国际观众占比较高，而且观众口碑较好，重复参观比例较高。

建成世界一流博物馆是一项长期任务，不是三两年建起一座大楼就可以了的，需要持续不懈地在软、硬件和社会环境营造上下大功夫，特别是在博物馆管理的理念与理论基础上应该形成自己的特色特点。好的博物馆应该是有品格的，也是有性格的，国家特色、时代特征、自身特点共同塑造了优秀博物馆的气派和风格。当今世界正处在一个大发展、大变革、大调整的时代，博物馆在推进人类社会发展中的地位和作用从未像现在这样凸显，博物馆之间的交流合作从未像今天这样频繁密切，博物馆从业人员既要关注自身的发展，也要从更广阔的视野来深入思考博物馆的社会功能，准确把握博物馆发展的新特征、新变化，主动回应博物馆发展面临的挑战，在时代巨变的洪流中持续探索博物馆发展的方向和重点。只有这样，我们才能够完成建设一批世界一流博物馆的历史任务和使命。

五

无论是建设中国特色博物馆学，还是要创建世界一流博物馆，首先需要中国本土各级各类博物馆的积极探索和丰富实践，同时也需要广泛充分吸收外国博物馆界的理论成果与经验积累。中国国家博物馆作为国家最高历史文化艺术殿堂和国家文化客厅，历来重视学术研究，把研究立馆作为办馆方针的重要内容，把建成具有世界影响力的研究中心作为发展的重要方向，努力以扎实的学术研究推动构建与国家主流价值观和主流意识形态相适应的中华文化物化话语表达体系，引导人民群众增强历史自觉、坚定文化自信，推动中外文明交流互鉴。组织翻译《中国国家博物馆国际博物馆学译丛》（以下简称《译丛》），就是要坚持全球视野、专业视角，面向世界一流水平，以兼收并蓄、海纳百川的宽广胸怀，分享世界博物馆学研究动态，推介前沿学术成果，借鉴优秀实践经验，助力中国博物馆学的理论创新和建设发展实践，推动构建中国特色、中国风格、中国气派的博物馆学学科体系、学术体系和话语体系，为新时代博物馆事业高质量发展作出积极贡献。总体来看，这套译丛至少具有以下三个特点：

一是系统性。《译丛》主题涉及博物馆工作的方方面面，既有关于博物馆学理论基础的，也有关于策展实践的；既有关于展览设计的，也有关于文物保护的；既有关于博物馆运维管理、藏品保护的，也有关于博物馆数字化、公共教育等领域研究成果的，同时凸显博物馆学多学科交叉融合的特点。在研究方法上，《译丛》兼顾当代博物馆学发展的规范性、理论性、反思性、趋势性等特征，选取了部分将博物馆学这门人文学科与更广泛的社会背景联系起来的研究成果，涉及全球变暖、殖民主义、种族主义、可持续发展等更为复杂的社会问题，集中反映了当下多元文化共存的复杂社会环境和大范围深层次的创新变革下，博物馆学的研究对象和研究范式随着博物馆功能、职责和定位的拓展而发生的转变。从这个意义来说，无论对于博物馆工作实践还是博物馆学研究，《译丛》都具有很强的针对性和启发性。

二是探索性。《译丛》的学术研究特点非常突出，不是从概念到概念、从范式到范式，而是从不同作者的研究视角出发，结合博物馆的工作实际展开探讨，而这样一些主题，如策展伦理问题、策展手册、策展人的角色以及公众参与、数字化建设等，通常很少出现在纯粹的学术性论著之中。以策展为例，尽管大家一致认为在博物馆实际工作中，策展人扮演着非常重要的角色，他们关于历史文物或艺术作品的展览解读对大众思想起着非常重要的引导作用，但他们到底该如何发挥自身作用，包括在数字时代如何应对来自展示、传播、版权、媒体等方面的严峻挑战，始终没有一个明确结论。事实上，这不仅仅是一个理论问题，更是一个迫在眉睫的实践问题，必须结合博物馆工作实际不断加以总结提炼，而开放探索、创造新知恰恰是本《译丛》的鲜明特色。

三是开放性。《译丛》不仅选择的主题是开放的、研究的方法是开放的，而且叙事方式也是开放的，这在其中两本书中有突出体现。一本是关于自然博物馆中策展人的故事，阐明了自然历史展览策划中一些鲜为人知的理念思考和实践探索，实际上反映了《译丛》主编对于博物馆范畴的思考；一本是关于数字时代博物馆发展的研究探讨，展示了作者在网络信息技术和数据技术飞速发展的时代背景下，对博物馆面临的各种挑战以及应对策略的探索，实际上也反映了《译丛》主编关于博物馆核心理念到底是文物、观众还是技术的一些深层思考。一定意义上说，正是由于《译丛》不仅包含最新基础理论著作，也涵盖与实践紧密相关的应用研究，收录著作体裁十分丰富，包括研究专著、学术论文集、文献综述、演讲集，以及普及性读物，从而把研究的开放性与阅读的趣味性有机结合了起来，既能满足博物馆从业者和研究人员的需求，也适合一般博物馆爱好者阅读，进而形成了读者对象的开放性。

《译丛》的出版凝聚了国内文博界"老中青"三代的力量，规模之大，在我国博物馆行业尚属少见。在这套丛书的策划过程中，潘涛先生不仅有首倡之功，而且多次推荐重要书目，出力不少；中国国家博物馆的多位中青年学者勇敢承担起翻译工作，他们的贡献和辛苦已经以译者的形式予以铭记；一些国内资深博物馆专家和高校学者多番审校，其中有颇多学界前辈不顾高龄、亲力亲为的身影，他们的学术精神和敬业作风令我们甚为感动；还有一些学者承担了大量繁琐的幕后组织工作，虽未具名，但他们的贡献也已深深地凝结在了《译丛》之中。需要说明的是，《译丛》收录的首批著作都是在 2020 年之前完成的，当时几乎没有研究者关注到类似新冠疫情大流行之类问题对博物馆行业的重大影响，这一缺憾我们将在后续翻译出版工作中予以弥补，到时会适当关注全球疫情影响下的一些重要研究成果。衷心希望《译丛》的出版能够为中国的博物馆学研究和博物馆事业发展贡献一份力量。当然，由于水平有限，译本中难免会存在这样那样的错误和疏漏，真诚欢迎广大读者批评指正！

是为序。

2023 年 8 月于北京

图 1-1　玛丽·卢西尔（Mary Lucier），《燃烧的巴黎黎明》（*Paris Dawn Burn*），视频装置，1977 年，第十届巴黎双年展。图片名称：《新老双年展》（*Biennale, des petits et des grands*），拍摄者：让－保罗·卡萨尼亚克（Jean-Paul Cassagnac），图片来源：《运河》（*Canal*）作品集，第 8—9 页，拍摄时间：1977 年 10 月 15—31 日。阿兰·马凯尔博士版权所有，法国艺术史研究所收藏。

图 1-2 多米尼克·贝卢瓦（Dominique Belloir）和赖纳·韦比（Rainer Verbizh），《脚蹼》（*Flippers*），1980 年，在第十一届巴黎双年展的视频部分中展示。多米尼克·贝卢瓦私人版权所有。

图 2-1　莱斯利·基恩（Lesley Keen），《创造者》（*Creator*），1983 年，在电脑上完成动画线条的制作，然后将其与涂满油彩的画布背景进行叠加。视频时长：6 分 38 秒。莱斯利·基恩版权所有。

图 2-2　彼得·格林纳威（Peter Greenaway），在米兰王宫内展出的达·芬奇《最后的晚餐》（*The Last Supper*）（复制品）投影秀，展览场地：米兰王宫女像柱厅。展览时间：2008 年 4 月 15 日至 5 月 4 日。彼得·格林纳威版权所有。

图 2-3　罗伯（Rob）和尼克·卡特（Nick Cater），"数字画"，2013 年，2.5 小时滚动播出，电脑制作，画框尺寸：48cm×61cm×8cm。原作：《死青蛙与苍蝇》（*Dead Frog with Flies*）。原作者：小安布罗修斯·博斯查尔特（Ambrosius Bosschaert the Younger），创作时间：1630 年。材质：铜板油画。尺寸：12.5cm×17.5cm。法国巴黎库斯托迪亚基金会（Foundation Custodia）收藏，罗伯和尼克·卡特版权所有。

图 2-4　彼得·格林纳威，《死亡之舞》（*The Dance of Death*），巴塞尔普雷迪格教堂前墓地上的视频装置"光影秀"，时间：2013 年 10 月 31 日至 11 月 30 日。彼得·格林纳威版权所有。

图 3-1 凯瑟琳·格费勒（Catherine Gfeller），《金棕色的田野曲线》（*Champs et courbes en or et brun*），1993 年，银盐染料漂洗印相法，作品尺寸：50cm × 210cm。凯瑟琳·格费勒版权所有。

图 3-2 凯瑟琳·格费勒，《天水一幕》（*Watersky*），1997 年，丽芙相纸，作品尺寸：46cm × 140cm。凯瑟琳·格费勒版权所有。

图 3-3 凯瑟琳·格费勒，《他来了》（*He Is Coming*），2000 年，哈内姆勒相纸，作品尺寸：90cm × 160cm。凯瑟琳·格费勒版权所有。

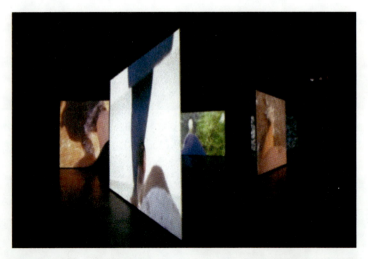

图 3-4　凯瑟琳·格费勒，《涉水的人》(*The Waders*)，六块屏幕的视频装置，来自《脉动》回顾展，展览地点：瑞士卢塞恩艺术博物馆（Kunstmuseum Lucerne），展览时间：2011 年。凯瑟琳·格费勒版权所有。

图 3-5　凯瑟琳·格费勒，《梦想之城》(*Ville de rêves*)，十幅巨大的照片印在画布上。展览地点：伯尔尼保罗·克利中心（Center Paul Klee），展览时间：2015 年 2 月至 2016 年 1 月，自 2016 年 2 月起该展览归纳沙泰尔大学所有。凯瑟琳·格费勒版权所有。

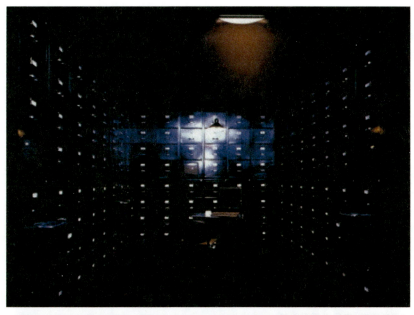

图 4-1，4-2　安东尼·蒙塔达斯（Antoni Muntadas），《档案室》（*The File Room*），1994年，芝加哥文化中心。安东尼·蒙塔达斯版权所有。

图 4-3 克里斯托夫·布鲁诺（Christophe Bruno），《非守恒定律》（*Non Conservation Laws*），2010年。克里斯托夫·布鲁诺版权所有。

图 4-4 所罗门古根海姆博物馆（Solomon Guggenheim Museum）和丹尼尔·朗格卢瓦基金会（Daniel Langlois Foundation），"媒介多变性"（The Variable Media Work）项目。丹尼尔·朗格卢瓦基金会版权所有。

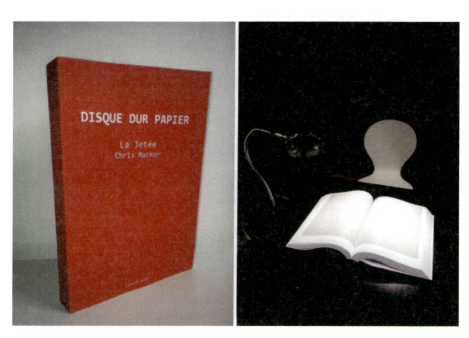

图 4-5，4-6　戴维·盖泽（David Guez），《硬盘义件系列》（*Hard Disk Paper*），2013 年。戴维·盖泽版权所有。

图 5-1 约阿希姆·布克莱尔（Joachim Beuckelaer）的模仿者,《厨房的橱窗内景》(*Kitchen interior*),1530—1605,作品尺寸: 157.5cm × 198.1cm,作品照片现存于佛罗伦萨艺术史研究所（Kunsthistorisches Institut）。芙图·库珀（Foto Cooper）版权所有。

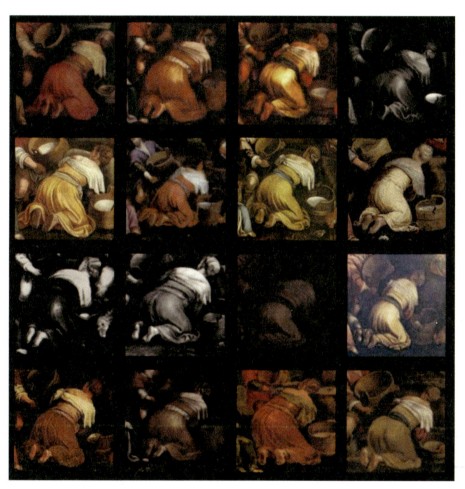

图 5-2　从雅格布·巴萨诺（Jacopo Bassano）的"形态图谱"中筛选出的各式各样的"蹲伏的女人"形象，2016 年。迪·莱纳尔多（di Lenado）与卡普兰（Kaplan）共同版权所有。

图 5-3　搜索乔尔乔内（Giorgione）的《沉睡的维纳斯》（*Sleeping Venus*）、贝尔纳多·卢伊尼（Bernardino Luini）的《圣家与圣婴约翰》（*Holy Family with the Infant Saint John*）以及马尔科·德奥格约诺（Marco d'Oggiono）的《圣婴》（*Holy Infants*）得到的图像结果实例，2016 年。塞金（Seguin）、迪·莱纳尔多与卡普兰共同版权所有。

图 6-1 《未来秘书的工作场所》(*Secretarial Workplace of the Future*)，日内瓦，1976 年。瑞士国家博物馆版权所有。

图 6-2　图为瑞士博物馆协会 2014 年出版的《社会网络与博物馆 —— 决策辅助工具》一书的封面。瑞士博物馆协会版权所有，海克·格拉瑟（Heike Grasser）拍摄，玛蒂娜·劳特巴赫（Martina Lauterbach）设计。

引 言

雷吉娜·博纳富瓦　梅丽莎·雷拉

　　本书是 2015 年 12 月 14 日至 18 日在纳沙泰尔大学（University of Neuchâtel）举行的第八届卢浮宫学院研讨会（The 8th Seminar of the École du Louvre）的论文集。自 2008 年，纳沙泰尔大学艺术史和博物馆学研究所就与巴黎卢浮宫建立了合作关系，通过在两个机构之间进行师生互访和深度交流，促进其在博物馆学领域的研究。

　　自 2008 年以来，每年 12 月，来自瑞士的合作伙伴都会与奥维尼埃的迈松·博雷尔基金会（Maison Borel Foundation）合作，在纳沙泰尔组织一次关于博物馆学当前问题的研讨会。在一周的时间里，来自全世界的博物馆学教授与博物馆馆长、文物专家、国际知名策展人、文物修复师及文化界人士齐聚一堂，与两所机构的师生一起，讨论研讨会列出的各项议题。

　　本次研讨会的主题是"数字时代的博物馆：新媒体与新中介"（The Museum in the Digital Age：New Media and Novel Methods of Mediation），这样复杂的主题只能在跨学科领域内进行。因此，除了在场的博物馆界专业人士以外，来自传播学、法理学、社会科学、经济学、信息技术和媒体心理学等众多不同领域的专家，以及企业界和文物修复行业的专家也应邀参会并从各自的角度进行讨论。他们对于第八届卢浮宫学院研讨会的成功举办及本书的出版给予了热情的支持，并做出了巨大的贡献。

博物馆在实践中的最新发展之一是博物馆如何应对数字技术的兴起。"数字革命"或者"数字时代"这些具有划时代意义的名词，是指从20世纪80年代以来个人计算机的普及与随后90年代互联网时代这一时期。这场革命影响了我们日常的大多数领域，特别是在交流、创造和知识的保护及传播领域。根据国际博物馆协会（International Council of Museums, ICOM）的定义，博物馆的使命是获取、保存、研究、交流和展示人文遗产并面向公众开放。因此，这场革命直接关系到博物馆事业的方方面面。

"新媒体"这个词经常被用来替代"数字工具"，然而，由于当代艺术史与传播史在更广泛的文化史中的交融，"数字工具"往往包含了更多含义。根据《牛津词典》给出的定义，"数字"是指"信息"或者"数据"：

> 表示为数字0和1的系列，通常用物理量的值来表示，如电压或磁极化。经常与实物互为反义……关于、使用或存储数字信号形式的数据或信息……通常与使用计算机技术有关。

数字技术意味着基于信息和通信的动态系统，而非处于固定和不可改变状态的静态环境（决定实物系统的条件）。数据信息的产生、传输和显示都需要在计算机上进行，以便让使用者和观众看到。数据的传输可以通过不同的形式（比如屏幕、纸张等）实现，而不会破坏数据本身的创造。

而"新媒体"是指：

利用互联网等数字技术进行大众传播的手段。

我们可以发现，这不再是数据性质的定义，而是数据传输方式的定义。《牛津词典》给出的定义意味着还存在其他的传播方式，并且那些方式采用了非数字技术。此外，这个定义仅限于传播领域，并且专家们在新旧媒体之间的界限以及对传播的关注这两个问题上难以达成共识。新媒体所关注的领域是否仅限于数字工具的传播领域？有没有可能包括那些创新性地使用这些数字工具的艺术家？如果是这样的话，该如何界定20世纪60年代工程师创作的计算机图形作品呢？同样，70年代的视频艺术，在当时也是一种新的媒介，但还没有数字化，那么它们的命运会如何呢？[1]

新媒体走进博物馆有两种情况：第一种是用于交流（充当文化中介，促进内外部交流）[2]和数据存储（保护）的数字工具；第二种是作为创作的一种新素材。这反映了"新媒体"一词的双重衍生，即传播媒介。从这个角度来说，这个词在英语中有单数和复数两种形式，其中复数形式表示用于创作的素材。因此，20世纪60年代中期的艺术家所创作的视频、表演等内容都被包含在内。那么，如果把该定义放在历史进程中来考察，新媒体就不一定必须是数字化的，也不一定是用于交流的。本书并不是基于对新媒体的精确定义，相反，它旨在通过探讨其多样性为读者提供更为丰富的视角和思路。

多年以来，公立大学和相关人士对新媒体的研究热情愈发高涨，他们既关注针对概念的辨析，又关注表达的独特方式和含义。博物馆学和艺术领域中现有的大量参考书目（包含英语、法语和德语），可分为四个类别。第一类是通过大量查阅资料来还原新媒体的发展史；第二类是研究数字技术对艺术史的影响；第三类是为博物馆专业人员编写的有关

---

[1] 具体内容请参见本书第一章梅丽莎·雷拉的论文。
[2] 具体内容请参见本书第六章戴维·维尧姆的论文。

数字作品的保存、展示和使用数字技术的书籍；最后一类是完全根据新媒体特性订制的展览目录。

关于第一类，艺术史学家迈克尔·拉什（Michael Rush）和计算机专家列夫·马诺维奇（Lev Manovich）出版了两本著作：《20世纪末的新媒体艺术》（*New Media in Late 20th-Century Art*，拉什，1999年）和《新媒体语言》（*The Language of New Media*，马诺维奇，2001年）。[1] 拉什将新媒体纳入艺术领域，并与19世纪的前电影时代在艺术史上的影响与背景联系起来。他将模拟视频和表演视为当代艺术中的新媒体，尽管它们不是数字化的。他还讨论了媒体的数字化，按照他的观点，数字媒体是新媒体的一个子类别。马诺维奇则在书中论述了广泛的历史语境化和"旧"媒体的数字化，着重介绍了两种技术的发展历史，即"计算技术"和"媒体技术"，它们曾并行存在，然后在20世纪80年代被整合为"数字技术"，而正是这种合并开启了新媒体的时代。[2] 根据他的观点，新媒体仅限于数字技术。然而，为了理解新媒体，必须将其置于更广泛的历史背景下，包括计算机的发展、通信和媒体的发展，才能还原它的历史并构建它的体系。在拉什的全面视野和马诺维奇提供的限制性定义中，他们所采用的方法源于各自不同的文化历史背景。

近年来，关于新媒体对艺术史的影响引起了学界及业界的广泛讨论。例如，盖蒂研究所（Getty Research Institute）（洛杉矶）数字艺术史项目负责人默撒·巴卡（Murtha Baca）于2013年出版的《数字艺术史》（*Digital Art History*）[3]；2014年6月瑞士艺术研究院（Swiss Institute for Art Research, SIK-ISEA）在苏黎世举办的关于"数字艺术史：挑战与展望"（Digital Art History: Challenges and Prospects）的专题研讨会；托马斯·汉

---

[1]　Michael Rush, *New Media in Late 20th-Century Art* (London: Thames & Hudson, 1999); Lev Manovich, *The Language of New Media* (Cambridge, Mass.: MIT Press, 2001).

[2]　Manovich, *The Language,* 20.

[3]　Murtha Baca and Anne L. Helmreich, *Digital Art History* (Abingdon: Routledge, 2013).

斯利（Thomas Hänsli）于 2014 年在《评论报道：艺术与文化科学杂志》（*Kritische Berichte: Zeitschrift für Kunst-und Kulturwissenschaften*）上发表了《数字时代的艺术史：重新定义你的位置》（Malraux Reloaded*: digitale Kunstgeschichte nach dem digital turn: Versuch einer Standortbestimmung*）[①]，文章指出，艺术史上发生了一次"数字重定义"，艺术史作为一门科学学科，如今被纳入"数字人文"的范畴，表明了其本身的概念具备可变性[②]；2016 年，西莉娅·克劳斯（Celia Krause）和露丝·赖希（Ruth Reiche）发表了《一张照片能有一千多像素？图像与对象知识的数字化研究方法》（*Ein Bild sagt mehr als tausend Pixel? Digitale Forschungsansätze in den Bild- und Objektwissenschaften*）[③]以及在格蒂基金会（Getty Foundation）的支持下，由苏黎世联邦理工学院（Eidgenössische Technische Hochschule Zürich，ETH）建筑研究院开展的"数字收藏：艺术史的新方法与新技术"（Digital Collections: New Methods and Technologies for Art History）项目。

2016 年，希尔·范登阿克（Chiel van den Akker）和苏珊·莱根（Susan Legêne）出版了文选《数字文化中的博物馆：艺术和遗产如何变得有意义》（Musevms in a *Digital Culture: How Art and Heritage Become Meaningful*），书中讨论了互动艺术装置、艺术作为一种包容性和参与性的体验以及虚拟博物馆的发展等内容。[④]

数字技术对艺术史的传统与实践方面的影响，促使人们思考这门学

---

① Thomas Hänsli, "Malraux Reloaded: digitale Kunstgeschichte nach dem digital turn: Versuch einer Standortbestimmung," *Kritische Berichte* 42, no. 4 (2014): 75–85.

② Brigitte Kossek, "Einleitung: digital?" in *Digital turn? Zum Einfluss digitaler Medien auf Wissensgenerierungsprozesse von Studierenden und Hochschullehrenden*, ed. Brigitte Kossek and Markus F. Peschl (Vienna: V & R unipress, 2012): 7–8.

③ Celia Krause and Ruth Reiche, *Ein Bild sagt mehr als tausend Pixel? Digitale Forschungsansätze in den Bild–und Objektwissenschaften* (Glückstadt: Hülbusch, 2015).

④ Chiel van den Akker and Susan Legêne, *Museums in a Digital Culture: How Art and Heritage Become Meaningful* (Amsterdam: Amsterdam University Press, 2016).

科的未来，并为艺术史和博物馆工作的专业人士提供建议。贝丽尔·格雷厄姆（Beryl Graham）在其著作《策展再思考：新媒体下的艺术》（*Rethinking Curating: Art after New Media*）[1]与《新收藏：新媒体艺术中的展览与观众》（*New Collecting: Exhibiting and Audiences after New Media Art*）[2]中列举了一些实例；2015年3月，由瑞士艺术研究院、国际博物馆协会、瑞士博物馆协会（Association of Swiss Museums）和日内瓦大学（University of Geneva）联合举办的题为"云集：艺术数字化中的法律、科学和技术"（Cloud Collections: Legal, Scientific and Technical Aspects of the Digitization of Art）的国际研讨会以及在2005年出版的《视觉知识建构：教育中的艺术与新媒体的再思考》（*Visual Knowledge Building: Rethinking Art and New Media in Education*）[3]中，提供了一种国际视野，概述了由于在教学领域引入新媒体而出现的代表性的变化。另外，瑞士博物馆协会最近也出版了一本关于使用社交网络的小册子，既没有专业理论，也不过多罗列案例，只是一本实用性很强的手册，可为各学科的博物馆专业人士提供切实可行的建议。[4]

随着展览中新媒体的数量及好评率越来越多，有更多的博物馆看到了新媒体的可能性并开始了更多的实践。2001年，旧金山现代艺术博物馆（San Francisco Museum of Modern Art）举办了"010101"展与"技术时代的艺术"（Art in Technological Times）展，以当代艺术为切入点，通过展出的作品来表现数字技术对建筑和设计的变化与贡献。[5]2014年

---

[1]　Beryl Graham and Sarah Cook, *Rethinking Curating: Art after New Media* (Cambridge, Mass.: MIT Press, 2010).

[2]　Beryl Graham, *New Collecting: Exhibiting and Audiences after New Media Art* (Farnham: Ashgate, 2014).

[3]　Stefan Sonvilla-Weiss, ed., *(e)Pedagogy-Visual Knowledge Building: Rethinking Art and New Media in Education* (Bern: Peter Lang, 2005).

[4]　*Réseaux sociaux et musées* [Zurich: AMS (coll. "Normes et standards de l'AMS"), 2014].

[5]　010101. Art in Technological Times (San Francisco: San Francisco Museum of Modern Art, 2001).

夏天，伦敦巴比肯中心（Barbican Centre）举办了"数字革命"（Digital Revolution）展览，旨在展示数字技术对艺术、设计、电影、音乐和电子游戏的影响。[①] 除了作为展览的主题外，为了给观众提供身临其境的体验，巴比肯中心还在各种活动中对数字技术与设备进行了展示。2015年，华盛顿史密森学会美国艺术博物馆（Smithsonian American Art Museum）举办了"看！媒体艺术的革命"（Watch This! Revelations in Media Art）当代艺术展，展览通过44件物品展示了从1941年的"电子时代"到2003年的"数字时代"的转变。同年，瑞士比尔帕斯卡尔艺术中心（Art Centre Pasquart）举办了"捷径"（Short Cuts）展，该展览汇集了两代创作者（1960—2015），并成为2013年至2015年由瑞士文化基金会（Pro Helvetia）指导的瑞士重点项目"数字文化"的一部分。最后，值得注意的是，除了博物馆的各种展览与活动外，专门的活动中心或者艺术节也会举办关于新媒体及相关主题的展览，比如德国卡尔斯鲁厄的艺术和媒体技术中心（Zentrum für Kunst und Medientechnologie, ZKM）、奥地利林茨的电子艺术节（Ars Electronica）以及法国巴黎伊西莱穆的魔方（The Cube）美术馆。

本书收录的文章分为四类，说明了数字技术对博物馆的影响程度：①新媒体相关的展览（梅丽莎·雷拉、雷吉娜·博纳富瓦、凯瑟琳·格费勒）；②博物馆数字艺术作品的收藏与保护（让·保罗·富蒙特罗）；③文化中介与博物馆数字化传播（应用程序、平板电脑、音频指南等）（戴维·维尧姆、伊莎贝拉·迪莱纳尔多、弗雷德里克·卡普兰）；④内容数字化的法律方面的问题（无论是出于创作目的，还是保存目的）（文森特·萨尔瓦德）。

本书收录的文章并不能完整地呈现研讨会全部的议题，仅希望通过一些文章及案例来说明目前博物馆在数字时代聚焦的重点范围。围绕博

---

① Neil McConnon, Conrad Bodman and Dani Admiss, *Digital Revolution. An Immersive Exhibition in Art, Design, Film, Music and Videogames* (London: Barbican, 2014).

物馆"数字化"来进行选题必然是主观的，而且很难做到详尽无遗，本书并没有描绘博物馆视域下新媒体的历史，因为这远远超出本书的范围，但我们试图提供一些里程碑式的事件或时间点，来说明"新媒体"的功能性和活跃性。

本书的第一章由梅丽莎·雷拉撰写，探讨视觉艺术中"新媒体"概念的起源与发展。"新媒体"这一概念首次出现在1968年由贾西娅·赖夏特（Jasia Reichardt）在伦敦当代艺术研究院（Institute of Contemporary Arts）举办的"控制论艺术的意外发现"（Cybernetic Serendipity）的展览目录中。尽管自1969年索尼的便携式录像机（Portapak）问世以来，视频艺术的制作技术不断发展，但"新媒体"的概念依然适用于当下最新的数字视频案例。通过对1973年至1980年的巴黎双年展的调研与分析，雷拉描述了视频艺术是如何在艺术体系中占据一席之地的过程，通过分析双年展目录中提出的"将视频纳入展览"的论点，作者在这里展示了不同的历史学观点。

第二章是关于数字时代动画艺术的研究，这是雷吉娜·博纳富瓦在2015年夏天参观威尼斯双年展期间提出并完成的。在双年展现场的意大利馆里搭建的六个巨大隔墙组成的方形房间，是题为"图像是一切的开始"（In the Beginning was the image）的装置艺术展，英国电影导演彼得·格林纳威（Peter Greenaway）借此向意大利艺术史致敬。格林纳威用电脑编辑了意大利最著名的艺术作品的特写镜头，从中世纪早期到乔治·德基里科（Giorgio de Chirico），然后转向威尼斯作曲家的古典音乐之声。当双年展开幕时，格林纳威接受了采访，在采访中他解释了绘画和电影之间的相互关系，并强调了"新技术"和"新数字革命"这两者之间互动的重要性。他将诸如达芬奇的《最后的晚餐》（*The Last Super*）（2009）以及维罗内塞的《迦拿的婚宴》（*The Wedding at Cana*）（2009）等名画以数字方式的再现称为"数字演绎"。从古代的皮格马利翁（Pygmalion）神话开始，让静态的物品"活起来"一直是艺术家不断追求的梦想。本章试图分析动画艺术作品形成的原因、方法以及诸多限制。

凯瑟琳·格费勒的章节展示了自20世纪80年代以来从模拟到数字影视的发展如何影响了她自己的艺术创作，以及她的作品是如何呈现的。为了与模拟拍摄保持一致，格费勒的系列作品《纽约：城市的装饰带》（New York: Urban Friezes）（1996—1998）仍然采用同一底片多次曝光的方式，使用剪刀和胶水制作，将不同照片的细节结合在一起。自1998年以来，她开始使用数字方式，用多张数码照片结合的方式来构建复杂构图，她称之为多重构图。从那时起，她最喜欢的拍摄器材就是摄像机，因为普通相机对她来说反应不够快。她将拍摄的大量图片缩减到几张，然后用电影编辑软件 Final Cut Pro 进行编辑。然后，她将它们组合起来，使用图像处理软件将它们并置叠加在一起。在本章中，格费勒总结了自己的经验，即同一个视频装置可能因为不同的展览环境经历不同形变，而艺术家们如果能够创造性地处理这些问题，反而可以从复杂的空间环境中获得灵感。

让·保罗·富蒙特罗的章节概述了交互式网络艺术的开端，互联网同时发挥了创意工具、在线研讨会和虚拟展厅的作用。这种艺术形式下的受众不是被动的接受者，而是积极的共同创造者。这就使得它的参与者可以在持续的基础上进一步发展。富蒙特罗与芝加哥的伦道夫街画廊的安东尼·蒙塔达斯（Antoni Muntadas）及其团队一起，构思了最早的网络艺术作品之一《档案室》（The File Room）（1994）。在虚拟档案室内，互联网用户可以查看文化和艺术领域的文件资料，质疑权威性，充分展现了网络的自由度。富蒙特罗还参与了有关数字艺术作品保护的国际辩论，这些作品因其所需的技术、数据载体和软件会迅速过时而面临风险。作为重要藏品如何应对这种风险的一个例子，他介绍了网络艺术作品"多媒介"（Variable Media Network）项目，该项目在1998年由所罗门·古根海姆博物馆（Solomon Guggenheim Museum）馆长约恩·伊波利托（Jon Ippolito）发起，并得到丹尼尔·朗格卢瓦艺术、科学和技术基金会（Daniel Langlois Foundation for Art, Science, and Technology）的支持。[①]

伊莎贝拉·迪·莱纳尔多和弗雷德里克·卡普兰随后介绍了他们的研究项目"复制品"（Replica）的一些成果，该项目正在洛桑联邦理工大学（École Polytechnique Fédérale de Lausanne, EPFL）的数字人文实验室进行开发，并在威尼斯乔治·西尼基金会（Fondazione Giorgio Cini）的支持下进行了测试。自2016年3月1日，该基金会图片库开始使用Factum Arte公司开发的360r/v扫描仪扫描其收藏的约100万份复制品。在诸如马尔堡图片库（Foto Marburg）[隶属德国艺术史文献中心（the German Documentation Centre for Art History）]这类传统的图片档案馆中，艺术史学家目前只能通过口头术语（如艺术家姓名、出生地、作品名称、主题等）来搜索文件。未来，名为"复制品"的搜索引擎将能够根据作品的形态外观或视觉模式在西尼基金会图像数据库中搜索艺术品。通过这种方式，对具有相似结构和视觉特征的图像进行分析和编组，构建艺术品知识图谱结构。这两位作者通过分析"蹲伏的女人"这个人物造型，展示了该项目的最新进展。该人物造型由雅各布·巴萨诺（Jacopo Bassano）和弗朗西斯科·巴萨诺（Francesco Bassano）首创，而扬·萨德勒（Jan Sadeler）的版画形式则使其闻名于整个欧洲。

戴维·维尧姆是德国博物馆协会（German Museums Association）常务理事兼欧洲博物馆组织网络（Network of European Museum Organisations, NEMO）主席。在第六章中，他论述了新媒体在传达展览内容和场

---

① 作为欧盟提出的"数字艺术保护"研究项目的一部分，已经提出了防止数字艺术衰败的进一步倡议，该项目组织了两次专题研讨会："数字的遗忘——数字媒体艺术保存的实质和伦理"（The Digital Oblivion—Substanz und Ethik in der Konservierung digitaler Medienkunst）[德国卡尔斯鲁厄：艺术和媒体技术中心（ZKM），2010年11月4—5日]和"数字艺术保护——实用方法：艺术家、程序员、理论家"（Digital Art Conservation—Practical Approaches: Künstler, Programmierer, Theoretiker）（法国斯特拉斯堡：巴黎高等装饰艺术学院[École supérieure des arts décoratifs（ESADS），2010年11月24—25日]。这两个研讨会的研究成果参见 Bernhard Serexhe, ed., *Konservierung digitaler Kunst: Theorie und Praxis. Das Projekt digital art conservation* (Vienna: Ambra, 2013)。

景设计中的利弊关系。他在这一章中呼吁博物馆应该有意义、适度地使用数字技术。数字设备生产商的游说使越来越多的博物馆馆长和策展人感到困扰，他们担心，如果不使用这些设备，将意味着错过备受瞩目的"数字机遇"，而这会使他们看起来很落后。[1]但是，技术本身绝不能成为一种手段，也不能对观众施加这样的"魔咒"，使展览的实际内容变得次要。一个旨在传达知识的设备不应该"劫持"受众并将其带入虚拟世界，使其忘记实际参观博物馆的经验和感受以及展品的重要性。维尧姆提出了这样一个问题：数字设备的使用目的到底是什么？

文森特·萨尔瓦德是瑞士音乐作者和出版商合作协会（The Cooperative Society of Music Authors and Publishers in Switzerland，SUISA）副主席，也是纳沙泰尔大学法学院的副教授。他主要研究如何使数字作品的版权符合博物馆的需要。在瑞士和欧盟，博物馆、图书馆、档案馆和教育机构在藏品保存和出版方面都享有特权，这些特权也使他们免受现行版权法的约束。例如，允许他们在最新的数字载体上复制自己的作品，以达到保护的目的，前提是他们不能从中获得商业利益。作者在这里阐述了各种旨在保障数字作品合法使用的数字版权管理制度，并讨论了是否应允许博物馆等非营利机构无视这些法律。同时，萨尔瓦德还讨论了瑞士的解决方案和机构，例如技术措施监测办公室（Technological Measures Monitoring Office, OMET），其他国家也可能对此感兴趣。

感谢第八届卢浮宫学院研讨会的所有发言者和与会者。特别感谢本书所有作者与我们分享他们的成果。还要感谢我们来自纳沙泰尔大学的同事们，他们在专业上和财政上为我们的项目提供了极大的支持，在他们的帮助下，本书才得以顺利出版，他们是：人文学院海迪·德里迪（Hédi Dridi）院长、艺术历史和博物馆学研究所皮埃尔·阿兰·马里奥（Pierre Alain Mariaux）教授和帕斯卡尔·格里纳（Pascal Griener）教授以

---

[1]　关于"数字机遇"的其他相关内容，请参见 Kossek, "Einleitung: digital?," 7–18。

及文学与人文科学院出版委员会（Commission des publications de la Faculté des lettres et sciences humaines）的全体成员。另外，还要感谢研究与创新支持团队的罗尔夫·克拉佩特（Rolf Klappert）先生的帮助和纳沙泰尔大学语言中心提供的英语校对服务，特别是翻译家蒂莫西·斯特劳德（Timothy Stroud）和克里斯·沃尔顿（Chris Walton）以及威廉·德勒（William Doehler）对本书耐心细致的校对。最后，要感谢剑桥学者出版社出版本文集。

目 录

影像，一种新的艺术

梅丽莎·雷拉

20 世纪 80 年代，个人电脑的出现和互联网的普及引发了数字革命，这是西方社会经历特殊动荡的十年。[1]这场动荡的范围涵盖技术层面和文化层面，也将同样影响美术和博物馆的世界。尽管视频在 20 世纪 70 年代的上半叶就已出现，但直到 20 世纪 70 年代后半期和 80 年代，它才作为一种艺术形式得到了越来越多的认可。这种逐渐被接受的过程表现为：录制或制作的视频在数量上有所增加，视频作品也越来越多地成了博物馆的收藏。[2]然而，这种时间上的巧合不应使我们得出这样的结论，

---

[1]　Michael Rush, *New Media in Late* 20*th−Century Art* (London: Thames & Hudson, 1999), 171, 176, 193; Philippe Dubois, "Machines à images. Une question de ligne générale," in *La question vidéo entre cinéma et art contemporain*, Philippe Dubois (Crisnée: Éditions Yellow Now, 2011), 55; Dominique Moulon, *Art contemporain nouveaux médias* (Paris: Nouvelles Éditions Scala, 2011), 64. 也参见 Olivier Donnat 的文章, "Les pratiques culturelles à l'ère numérique," *Bulletin des Bibliothèques de France* 55, no. 5 (2010): 6–12。

[2]　包括 1978 年在瑞士洛桑州立美术馆（Musée cantonal des Beaux-Arts de Lausanne）举办的 "瑞士视频代表作：鲍尔迈斯特，明科夫，奥勒森，奥特及城市展"（Swiss Video repères: Bauermeister, Minkoff, Olesen, Otth, Urban）；1979 年在瑞士克林斯举办的 VIPER 音乐节；位于卢塞恩附近，始于 1980 年的洛迦诺视频艺术节（The Video Art Festival of Locarno）；1984 年在巴塞尔市里恩镇文肯公园举办的视频周（The Videowoche im Wenkenpark）；1985 年在日内瓦圣热尔瓦当代视觉艺术中心（Centre pour l'image contemporaine Saint-Gervais）举办的国际视频周（International Video Week）。1979 年，苏黎世艺术馆（the Kunsthaus in Zurich）发起了瑞士博物馆界最大规模的艺术视频收藏活动，1980 年举办了 "瑞士视频展"（Schweizer Video），并于 1989 年举办了题为 "视频雕塑：回顾与未来"（Video-Skulptur: retrospektiv und aktuell）的巡回展。在法国，蓬皮杜艺术中心（The Centre Pompidou）于 1976 年正式成立，不久就开始了新媒体艺术品的收藏。纽约现代艺术博物馆（MoMA）从 20 世纪 70 年代末开始收集视频作品。也正是在 1979 年，电子艺术节（Ars Electronica）在奥地利林兹首演，自 1986 年起每年举办一次。ZKM，即艺术和媒体技术中心（Zentrum für Kunst und Medientechnologie）于 1989 年在德国卡尔斯鲁厄成立。另请参见 Melissa Rérat, *L'art vidéo au féminin. Emmanuelle Antille, Elodie Pong, Pipilotti Rist* (Lausanne: PPUR, 2014), 15–27; Irene Schubiger, ed., *Schweizer Video-Kunst der 1970er und 1980er Jahre. Eine Rekonstruktion* (Zurich: JRP Ringier, 2009), 156–166; Christine Van Assche, ed., *Collection New Media Installations* (Paris: Éditions du Centre Pompidou, 2006)。

即对视频艺术地位的认可是数字格式转换的结果。20世纪80年代的艺术视频跨越了两个领域：美术和新媒体，但其还没有数字化。[①]这两者的相似性意味着它们更可能与美术联系在一起，但还未体现出实质性的改变。此外，视频本身的动态性、阅读作品所需的设备，以及它与电视的密切关系，使其成为新媒体的一种。这里，对美术与"新媒体"的定义并不依赖于一个新概念[②]，这两个概念不仅是简单的艺术实践，而且是繁复自洽的体系。而随着20世纪80年代新媒体与美术的和解，情况则变得更加复杂。[③]评论家认为，这种和解与融合对美术的影响，从平静的共存到对既定的艺术规范体系的颠覆，是多样且不断变化的。本章将借鉴其中一些结论，并重点介绍它们的史学观点。

新媒体、艺术和视频："控制论艺术的意外发现"和蓬皮杜艺术中心的新媒体收藏

"新媒体"一词于1968年在当代艺术领域首次出现，1968年8月1日至10月20日，在伦敦当代艺术研究院举办了一场贾西娅·赖夏特的展览，名为"控制论艺术的意外发现"，展览上展出了各种不同的展品：信息艺术先驱的作品、音频作品、计算机生成的文本、诗歌和绘画、遥控机器人等。这次展览的目的是强调艺术与某些控制论设备（如计算机）之间可能存在的联系。[④]虽然没有详细的阐述，但"新媒体"一词出

---

① Philippe Dubois, "Pour une esthétique de l'image vidéo," in *La question video entre cinéma et art contemporain*, Philippe Dubois (Crisnée: Éditions Yellow Now, 2011), 77.

② 美术、造型艺术和视觉艺术在这里是同义词，由于篇幅所限，本章无法深入探讨它们之间的细微差别。

③ Rush, *New Media in Late 20th-Century Art*; Van Assche, ed., *Collection New Media Installations.*

④ 在当时，计算机是只有大公司才使用的巨型机器，家庭计算机和免费公共访问的概念仍然距公众很遥远。

现在了展览目录第 5 页。

诸如塑料之类的新媒体，或诸如视觉音乐符号和具体诗歌的参数之类的新体系，不可避免地会改变艺术的形态、音乐的特征以及诗歌的内容。这种新的可能性扩展了画家、电影制作人、作曲家和诗人等创作型人才的表达范围。[①]

乍一看，"新媒体"被理解为一种创造性表达的材料，比如塑料。然而，仔细观察就会发现，"新媒体"一词所描述的远不止是各种各样的材料，还涉及艺术形状、特征和内容的扩展和延伸。在这里，艺术不是被视为一个自然的、固定的和有限的领域，而是被视为一种体系，在该体系中，艺术家的身份通过一种识别形式（换句话说，是在完成识别过程之后）才能获得，新媒体的出现改变并拓宽了这种艺术体系。

在这次展览的八年之后，巴黎国家现代艺术博物馆（Musée National d'Art Moderne de Paris）发起了一个名为"新媒体"的收藏计划，并于 1982 年任命馆长克里斯蒂娜·范·阿什切（Christine Van Assche）为负责人。[②]2006 年，蓬皮杜艺术中心的收藏目录中设置了"新媒体"类——具体来说是新媒体装置类。在其前言中，该中心的主席布鲁诺·拉辛（Bruno Racine）给出了这样一个定义：

"新媒体"一词意味着一个不断演变发展的过程，因为参与其中的艺术家所使用的技术可以追溯到大约 40 年前（对于最古老的技术而言），从最早的视频作品到最新的数字技术，这些实践都具

---

① Jasia Reichardt, ed., *Cybernetic Serendipity* (London and New York: Studio International, 1968), 5.

② 详见 Van Assche, ed., *Collection New Media Installations* 封底介绍。

有悠久的历史，与此同时，它们的视野也在不断变化。[1]

拉辛认为，当时的"新媒体"一词并没有固定或明确的含义。然而，这种精准性定义的缺位并不意味着有关的艺术实践——尤其是最早的视频艺术——不应被纳入历史中。这些实践具有悠久的历史，但与美术的目的论历史截然不同。与列夫·马诺维奇一样，拉辛认为新媒体是一个与美术不同的范畴，应该对新媒体进行系统论述，这样一方面可以定义其历史，另一方面可以对其进行理论化。[2]

巴黎国家现代艺术博物馆的负责人阿尔弗雷德·帕克芒（Alfred Pacquement）也曾提及视频艺术，他将视频描述为一类藏品的起源和主要组成部分。

> 这些最初的"视频作品"，主要是少量边缘性实验的产物，主要目的是保留某种短暂表演的记录。但是这些年来，对电视阴极射线管的图像处理、投影运动图像的想法及表现形式的研究与实践，已经发展了十几年，并成为最近最先进的艺术形式之一。[3]

与拉辛不同，帕克芒认为当今将应用数字技术的视频作品归类于"新媒体"下，并不意味着新媒体出现了一个新的类别，而只是一个并不重要的细节问题，甚至"视频作品"这个词也被视为一个注定要消失的短暂名词。这些颇具实验性质的"作品"意味着"新媒体"本身存在一个参照域，与之相关的视频作品是边缘化的，并且只不过是用来记录

---

[1]　Bruno Racine, "Forewords," in *Collection New Media Installations*, ed. Christine Van Assche (Paris: Éditions du Centre Pompidou, 2006), 11.

[2]　"……尝试进行记录和理论概念上的定义。" Lev Manovich, *The Language of New Media* (Cambridge, Mass.: MIT Press, 2001), 7.

[3]　Alfred Pacquement, "Forewords," in *Collection New Media Installations*, ed. Christine Van Assche (Paris: Éditions du Centre Pompidou, 2006), 12.

艺术表演的一种表达形式。根据帕克芒的观点，视频创作必须满足三个标准，即使用"电视对象"（监视器）、进行图像操作、采用投影形式或并入场景，才能被视为艺术。换句话说，视频必须以公认的艺术形式[雕塑（对象）、视觉艺术（图像）、电影（投影）或戏剧（演出）]为范本，才能从单纯的录像视频成为视频艺术。

因此，在同一机构内，对新媒体给出了两个规范性定义，视频是其中的一部分：对于拉辛来说，新媒体是一个不同于美术的范畴；而对于帕克芒来说，它们是在美术的保护下不断进化的，不管它们是微不足道、注定要消失的，还是完全融入其中，都应在定义的框架下，对其独有的特征加以接受和包容。

视频制作艺术：巴黎双年展

从新媒体这一类别的"材料"定义（即一套新材料）过渡到规范性定义（即一套实践和理论体系），无论是通过授权还是将其纳入艺术范畴，都将对视频的合法性产生影响。20 世纪 70 年代末，视频被纳入巴黎双年展，确定了其在艺术领域的地位。

巴黎双年展以"年轻艺术家的国际展示会"为宗旨，旨在展示当代创作的全面视角。从 1961 年第二届开始，双年展就分为不同的单元，分国家、地区介绍艺术家。

造型艺术（绘画、雕塑、雕刻）
音乐创作（室内乐、管弦乐）
书籍插图
艺术书籍
艺术电影

戏剧装饰①

上述部分反映了双年展组织者制定的体系。令人诧异的是，他们并没有提出一个能够反映 1961 年艺术格局的体系，而是将来自早期的不同体系的片段拼接在一起。其中，"造型艺术"这一单元代表了成立于 1648 年的皇家绘画与雕塑学院（Académie Royale de Peinture et de Sculpture）教授的四门艺术。② "音乐创作"这一单元结合了歌剧所包含的两种音乐形式，这种结构可以追溯到 1669 年在法国建立的皇家音乐学院（Académie Royale de Musique）。③ 传统上与绘画和雕刻联系在一起的"书籍插图"单独成为一个单元，这得益于 20 世纪艺术家的书籍的繁荣。关于"艺术电影"和"戏剧装饰"，前者侧重于将视频和电影当作记录艺术的一种媒介，后者则以与书籍插图部分相同的方式，集中于特定的实践。因此，视频艺术必须从不同体系拼接出来的单元中找到自己的位置。

视频在 1973 年双年展上首次亮相，是在造型艺术单元展示的两段视频作品。④ 将视频纳入视觉艺术的范畴是严谨而又合理的，似乎不必多

① 原文为法语，可参见 *Extraits du Règlement de la 2ème Biennale de Paris*。

② Paul Oskar Kristeller, "The Modern System of the Arts: A Study in the History of Aesthetics Part I," *Journal of the History of Ideas* 12, no. 4 (1951): 522; Christian Michel, *L'Académie royale de peinture et de sculpture* (Geneva/Paris: Librairie Droz, 2012).

③ 音乐被认为与舞蹈不同，舞蹈是 1661 年成立的皇家舞蹈学院（Académie Royale de Danse）所关注的范畴。详情请参见 Paul Oskar Kristeller, "The Modern System of the Arts: A Study in the History of Aesthetics Part I," 522。

④ Doywe Jan Bakker (Netherlands) and Telewissen-Gruppe (F.R.G.), *Index exhaustif des noms et groupes d'artistes ayant participé à la Biennale de Paris de 1959 à 1985*.

做解释。1975 年，28 位艺术家提交了视频作品参展①，参展规则因此增加了一个新条款。

> 第九届巴黎国际艺术双年展旨在为国际性艺术作品与活动提供展示的平台，因此，除了对静态作品的展示，它对任何类型的作品、任何表达方式都是兼容并蓄的，包括作为视觉艺术延伸的电影和视频作品。②

本章试图讨论的是在信息提供的层面，艺术作品与视频之间的差异。第九届双年展中首次纳入了视频作品，可以说是具有跨时代的意义。在此之前，艺术展是不包含视频作品的，这些视频作品的加入，让视觉艺术可以扩展其表达信息的范围和深度。而视觉艺术之所以能够以这种方式受益，是因为展览体系还并不规范，比如在 1961 年的双年展中制定的体系就被推翻了。

在此次展览的组织中，这种不规范再一次出现了。虽然这次展览成立了一个专门的委员会来挑选视频作品，但这些作品并未分配给一个独立的部门。③ 为了挑选视频作品，除了美术方面的知识外，工作人员还需要影视方面的专业知识，但在向公众展示这些作品时，由于没有独立

---

① 这 28 位艺术家分别为：Marina Abramovic, Lynda Benglis, Christian Boltanski, Pinchas Cohen-Gan, Juan Downey, Michael Druks, Valie Export, John Fernie, Terry Fox, Hermine Freed, Rebecca Horn, Pierre-Alain Hubert, Wolf Knoebel, Darcy Lange, Barbara and Michael Leisgen, Urs Lüthi, Ronald Michaelson, Miloslav Moucha, Antoni Muntadas, Hitoshi Nomura, Jacques-Louis Nyst, Friederike Pezold, Fabrizio Plessi, Ulrike Rosenbach, Keith Sonnier, Francesc Torres, William Viola. 名单摘自 Douglas Davis, "Video in the Mid-70's: Beyond Left, Right, and Duchamp" in *9ᵉ biennale de Paris, Manifestation internationale des jeunes artistes. 19 sept.-2 nov. 1975* (Paris: Biennale de Paris), 1975, n.p.。

② "Excerpts from the Rules," Clause 4, in *9ᵉᵐᵉ biennale de Paris*, n.p.。

③ "国际委员会对第九届双年展涉及的美学问题的选择权、艺术家的选择权等所有决定负责，对于用视频作品参展的艺术家，将由沃尔特·霍普斯（Walter Hopps）、道格拉斯·戴维斯和沃尔夫冈·贝克尔（Wolfgang Becker）（主席）组成的委员会决定。电影方面，国际委员会的每个成员可以邀请三位艺术家。"摘自 *9ᵉ biennale de Paris*, n.p.。

的视频部门，人们并没有意识到这一点。第一个包含视频作品的双年展目录是由艺术评论家道格拉斯·戴维斯（Douglas Davis）撰写的《70年代中期的视频：超越先锋、保守和杜尚》(*Video in the Mid-70's: Beyond Left, Right, and Duchamp*)，其中，他解释了这种不规范的原因。戴维斯非常谨慎地使用了"视频艺术"这个措辞，并将其用引号引了起来。

> 在面对类似的对自身经验框架的切分时，艺术界一向是死板和滞后的，就像我们称为"视频艺术"的新生事物，并没有使目前的任何体系伤筋动骨。一些保守的评论家，一直在不断地批评视频艺术家，认为他们没有能力创造出全新的图像系统，也没有绘画的功底。而以弘扬20世纪五六十年代艺术风格的先锋派成员，则急迫地企图以反艺术民粹主义的名义发起一场运动，将"视频艺术"打造为杜尚（更不用说麦克卢汉）式的后现代主义艺术风格在电子时代的延伸。
>
> 这是为了提示你，我们目前所说的"视频"可能不适合任何一个现有的艺术框架，它既不涉及图像创造，也不涉及对象的解构与拆分（可能无论如何都是徒劳无益的）。我的意图并不是要宣传或赞扬"视频艺术"是一门艺术（实际上，当如此判断时，我常常觉得它乏味而幼稚），而是要恰当地定义它的含义和意图，不然它会因为错误的原因受到赞扬或承受攻击。[1]

对戴维斯来说，问题不在于认可视频是不是一种艺术，也不在于认可其是否属于艺术的范畴。视频不仅仅是一种新的媒介，更是一种影响

---

[1] Davis, *Video in the Mid-70's: Beyond Left, Right, and Duchamp*, n.p.

了整个艺术世界的现象[1]，它不属于美术（创造图像）或当代艺术（解构对象）。视频是一个独立的领域，它的特异性需要作为一个整体来研究，才能清晰地识别出它的体系。毫无疑问，正是这种情况导致人们希望设立一个视频评选委员会，并为其开设专门的单元。[2]1977年，第十届巴黎双年展纠正了这种现象，视频艺术家及其作品的评选工作仍由一个专门委员会进行，但这次他们有自己的专区。戴维斯两年前提出的将视频艺术独立于造型艺术的想法，似乎已经生根发芽。无论作品以何种形式出现（通过屏幕、装置或环境中播放的录音），只要包含视频，就会被收录到视频单元（图1-1）。但是，双年展目录中的文字并没有为该部分提供理论基础，而是将视频与美术联系起来。与道格拉斯·戴维斯不同的是，迈克尔·康普顿（Michael Compton）毫不犹豫地使用了"视频艺术"这个表达，而且没有使用引号。

> ……视频艺术……与那些不断发展的"造型"或"视觉"艺术传统的方法和关注点非常接近，因此，在这个意义上，它可以被合理地视为艺术。[3]

于是，康普顿对1975年的双年展规则中的这种延展进行了解释，他将视频与美术结合，并纳入展览中。他指出，造型艺术或视觉艺术是一个不断发展的领域，通过这种方式将"美术"的范畴历史化，就能够将视频艺术包括在内。在他看来，视频艺术并没有彻底改变艺术，而

---

[1] 他在书的开头提到了社会学家欧文·戈夫曼（Erving Goffman），戈夫曼是霍华德·贝克尔（Howard Becker）的同事，正是他创造了"艺术世界"的概念。参见 Howard Becker, *Art Worlds* [Berkeley, CA: University of California Press, 2008（1982）]。

[2] 通过在档案馆的调查（巴黎蓬皮杜艺术中心康定斯基图书馆及雷恩艺术评论档案馆）和对双年展目录的阅读，我并未发现1975年的双年展上有专门为视频开设的展区。但我的结论与《艺术评论档案》（*Archives de la critique d'art*）大相径庭。

[3] Michael Compton, "Video Art at the Biennale" in *10ᵉ biennale de Paris* (Paris: Biennale de Paris, 1977), 52.

是涵盖了它的概念，扩展了它的边界。他的文章讨论了作为评选委员会的选拔标准的三个类别——视频作品、视频艺术装置以及社会纪录片——并含蓄地将这一新的艺术实践理论化。这些类别揭示了视频的不同状态：视频作品是将视频作为一种独立的艺术表现形式；而在艺术装置中，视频是当代艺术中公认的多媒体作品所使用的元素之一；而社会纪录片，对其物质本身的重视程度降低了，视频仅仅成了一种对录制内容的展现形式。这三种状态之间的区别在每种类型的视频介绍中也提到了。

> ……一系列"视频"的播放环境：在有预定节目的视频播放室将配备自动播放机，以便在某些时段内，预定的视频可以按需求向观影者播放。第三，我们将邀请一个或多个团体，到社区中就当前社会关注的视频相关的问题进行广泛的调研，并在双年展上展示调研的成果。[①]

这些播放室都位于视频专区。而视频艺术装置需要足够大的空间，就像雕塑或大画幅画布一样，让公众可以从所有可能的角度观看。在1980年的双年展上，这些都被充分考虑到了，视频艺术装置被归为一个单独的部分，正如罗素·康纳（Russell Connor）在1977年的目录中所预言的那样。

> 视频单元的主要部分是视频艺术装置的展示，这些作品，无论它们可能向博物馆提出什么技术问题，都与现代雕塑的陈列特点有着明显的联系。[②]

[①]　Compton, "Video Art at the Biennale," 54.

[②]　Russell Connor, in *10ᵉ biennale de Paris* (Paris: Biennale de Paris, 1977), 56.

1980 年第十一届双年展的五个展区分别是：造型艺术、摄影和装置，视频艺术，表演艺术，电影艺术，建筑艺术 [1]。视频部分主要是视频作品（图 1-2），而视频艺术装置则在造型艺术、摄影和装置艺术的部分中进行介绍，在目录中被描述为：

> 艺术家使用传统的技术创作作品（无论是挂在墙上还是安装在地上）；艺术家使用摄影器材进行摄影；艺术家在艺术装置中使用视频。[2]

虽然在上述描述中，视频和摄影与"传统技术"被分号隔开，但在展览中，这三种媒体是并排展示的，彼此间并没有明确的区分。然而，需要指出的是，将视频纳入传统视觉艺术或美术领域，意味着视频放弃了自身的一些特点，比如电视性特征。因此，双年展的组织者根据之前展览实践的经验，将视频单元从间接展示转变为概念性自主展示。因此，实践经验对视频艺术的定义和分类产生了影响，进而导致 1980 年的这种局面，即基于有限的视频艺术材料定义的视频艺术单元以及基于类别和规范定义的更广泛的造型艺术单元共存。

新媒介的艺术合法化

巴黎双年展的例子表明，在分析视频艺术合法化的过程中，对实践（无论是创作还是展览）的研究是很重要的，特别是在双年展的目录和规则中建立起来的这些模式，与实践一起创造了一种相互影响和重新定

---

[1]　*XIe Biennale de Paris. Installation vidéo arts plastiques sculpture cinema performance peinture architecture* (Paris: Biennale de Paris, 1980), 13.

[2]　*XIe Biennale de Paris*, 295 (own translation).

义的关系。视频与美术的融合，无论是把新媒体作为一般的范畴，还是作为一个特定的媒介，都引发了争论，并产生了三种不同的艺术史学观点。第一种观点将美术视为一个随时间不断发展的概念，它通过吸收新的类别来扩大自身的范围。第二种观点认为视频艺术是一个独立于美术系统之外的自主的、偶然出现的体系。第三种观点认为美术是一个僵化的历史规范体系，将视频艺术纳入其中是可能的，但前提是它们仍然处于边缘地位，或者改变自身的特点并模仿体系内已有的规范进行调整。所有关于视频艺术的研究，以及更广泛地说，关于新媒体的研究，都应该考虑到这些观点，并在此基础上对美术的概念进行正确的解读，才能促进新媒体合法化的进程。希望本章文可以成为这项伟大事业的基石之一！①

---

① 我衷心感谢帕斯卡尔·格里纳（Pascal Griener）教授仔细阅读了本章的第一版，并提出了许多宝贵的建议。

第二章 当艺术品走进生活：数字时代的动画艺术作品

雷吉娜·博纳富瓦

最近，将早期艺术大师的作品制作成动画进行展示，正变得越来越普遍。我们已经在古代雕刻家皮格马利翁的神话中找到了让艺术品复活的梦想[1]，时至今日，它的吸引力丝毫没有减弱。在拉丁语里，"animare"意味着"赋予生命"，它的词根"anima"的意思是"空气、呼吸、生命"和"灵魂"。[2]在米开朗琪罗为西斯廷教堂天花板绘制的壁画中，上帝伸出右手食指轻轻触碰人类的手，为第一个由黏土制成的人赋予了生命。当代的某个平板电脑广告模仿了这个著名的瞬间，让上帝用食指触摸电脑屏幕。如今，我们比以往任何时候都更熟悉这种姿势，使用Cinemagram或者Flixel这样的应用程序，让每个智能手机用户都能用照片来创作动画，我们正在用食指绘制虚拟世界。

早在18世纪的最后25年，人们就在尝试消除艺术和自然之间的界限，这样的尝试往往令人印象深刻。比如以下这三个例子：

（1）以人的形态制作的自动机和动画造型，也被称为机械造型，通过在画的背面安装发条装置，使画中的各个元素缓缓移动，这一技术在当时达到了顶峰。[3]

（2）在晚上用摇曳的火把照亮雕像，给人运动的错觉。除此之外，明亮的灯光给古老的大理石雕像赋予了一种温暖的色调，使人联想到人

---

①   Ovid, *Metamorphoses*, X, 243–297.

②   T.F. Hoad, ed., *The Concise Oxford Dictionary of English Etymology* (Oxford: Oxford University Press, 1986), 17.

③   Alfred Chapuis and Edmond Droz, *Les automates. Figures artificielles d'hommes et d'animaux. Histoire et technique* (Neuchâtel: Éditions du Griffon, 1949), 147–162.

类的皮肤。①

（3）"活人画"最早出现在18世纪60年代的巴黎，之后蔓延到整个欧洲。②这种"活人画"是由一个或多个模特保持静止状态，结合周围的道具、环境，共同构成一幅画。这种行为艺术的名称来源于法语词"tableau vivant"，意思是"活的图画"，它本身就解释了它的意图，即令一幅画"活"起来（动画化）。

在一个描绘动态的静态图画中置入真人。③

但由于在构建画面时，模特必须保持静止，所以"活人画"事实上还是静态的。贝亚特·森特根（Beate Söntgen）描述了这一悖论。

这种借来的、字面意义上的"活"的代价……是对赋予了静态图画以"生命"的创作者的一种羞辱。④

比吉特·约斯（Birgit Jooss）在对歌德时代的"活人画"进行研究的同时，也开始思考这种艺术在新媒体中的最新形式。

行为艺术、舞台拍摄、录像和电影都属于"新媒体"，这些技

---

① Oskar Bätschmann, "Pygmalion als Betrachter. Die Rezeption von Plastik und Malerei in der zweiten Hälfte des 18. Jahrhunderts," in *Der Betrachter ist im Bild*, ed. Wolfgang Kemp (Berlin: Reimer, 1992), 252.

② Birgit Jooss, *Lebende Bilder. Körperliche Nachahmung von Kunstwerken in der Goethezeit* (Berlin: Reimer, 1999), 44, 116, 241.

③ Bätschmann, "Pygmalion als Betrachter," 251.

④ Beate Söntgen, "Ein Bild verlässt den Rahmen. Die Attitüden der Lady Hamilton," in *Was ist ein Bild? Antworten in Bildern. Gottfried Boehm zum 70. Geburtstag*, ed. Sebastian Egenhofer, Inge Hinterwaldner and Christian Spies (Munich: Wilhelm Fink, 2012), 51.

术和方法使"古"画复活成为可能。[1]

考虑到这一点，我们将在这里讨论，如何将上述三种人造动画方法应用到今天的语境中。

让·丁格利（Jean Tinguely）在 20 世纪以机动艺术创作而闻名。他以俄国和法国的先锋派画家为灵感，在 20 世纪 50 年代中期创作了《机变－马列维奇》（*Méta-Malévitch*）、《机变－康丁斯基》（*Méta-Kandinsky*）以及《机变－赫尔宾》（*Méta-Herbin*），通过隐藏在作品背后的马达，使这三位画家的作品以抽象形式呈现在观众面前[2]，这也是对 18 世纪及 19 世纪机械造型的抽象表达。1959 年，丁格利在《关于我自己》（*Für Statik*）的宣言中提道：

一切都在运动，没有什么是静止的。[3]

在《唱歌的雕塑》（*Singing Sculpture*）作品中，英国艺术家吉尔伯特和乔治（Gilbert & George）也将机械融入传统艺术中。他们称自己为"一件艺术品"，并将自己定位为一件"活的雕塑"。[4]

而英国电影导演、视频艺术家彼得·格林纳威则通过光影的游戏来模拟运动，搭建了一座通往现代的桥梁。

电影就是一束光线照射在一个有亮度的矩形框的表面上，并在

① Jooss, *Lebende Bilder*, 271.

② Domitille d'Orgeval, "De l'Abstraction géométrique à l'art cinétique. La part de l'héritage (1950–1960): continuité, rupture et renouveau," in *Un siècle de lumière et de mouvement dans l'art*, 1913–2013, ed. Serge Lemoine (Paris: Grand Palais, 2013), 35.

③ Inge Herold, "Stillstand gibt es nicht," in *Jean Tinguely*, *"Stillstand gibt es nicht,"* ed. Manfred Fath (Munich, Berlin, London, New York: Prestel, 2002), 38.

④ Carter Ratcliff and Robert Rosenblum, *Gilbert & George. The Singing Sculpture* (London: Thames and Hudson, 1993).

矩形框中引入阴影来模拟运动的错觉。[①]

德国历史上第一家电影院于 1903 年开业，并被命名为"会动的图片社"（Das lebende Bild）。[②] 电影艺术的先驱之一——乔治·梅里爱（Georges Méliès）在他的电影《玩纸牌》（*Les Cartes Vivantes*）中，用魔法（换句话说，用电影的方式）让红心皇后和黑桃国王从各自的牌中走出来。[③] 在电影时代的早期，电影被理解为一种绘画动画。生活在法国的俄国画家利雷欧普·叙尔瓦奇（Leopold Survage）从 1913 年起参与了名为"多彩的节奏"（*Rythmes colorés*）的电影项目，但从未完成。

我想让我的画充满活力，我想让它动起来；在表达抽象画的具体动作时，我想引入一种节奏，这种节奏源于我的内心生活。我的乐器是摄影机，它是让动作能够活起来的工具。[④]

萨尔瓦多·达利（Salvador Dalí）是第一个通过合作将自己的作品改编成动画电影的画家。1945 年，他与迪士尼合作，拍摄电影《命运》（*Destino*），但仅仅八个月后就停止了。直到 2003 年，多米尼克·蒙费里（Dominique Monféry）才为迪士尼公司完成了这部电影。[⑤]

英国艺术家莱斯利·基恩（Lesley Keen）曾就读于格拉斯哥艺术学

[①] Alan Woods, *Being Naked—Playing Dead*: *The Art of Peter Greenaway* (Manchester: University Press, 1996), 88.

[②] Jooss, *Lebende Bilder*, 266.

[③] Maria Reissberger, "Die 'Sprache' der lebenden Bilder," in *Tableaux Vivants. Lebende Bilder und Attitüden in Fotografie, Film und Video*, ed. Sabine Folie, Michael Glasmeier and Gerald Matt (Vienna: Kunsthalle, 2002), 209–210.

[④] 引自 Thomas Tode, "Absolut Kinetika. Vom absoluten Film zur kinetischen Kunst der 1950er Jahre," in *Le Mouvement. Vom Kino zur Kinetik*, ed. Roland Wetzel (Basel: Museum Tinguely, 2010), 83。

[⑤] Allison Benedikt, "Dali. Disney short debuts after 57 years," in *Chicago Tribune*, [2003–02–26].

院（School of Art in Glasgow），毕业后专门从事动画电影的制作。1983
年，她为英国电视台第四频道拍摄了《排队散步》（*Taking a Line for a
Walk*）。在电影中，保罗·克利（Paul Klee）绘画的线条随着莱尔·克雷
斯韦尔（Lyell Cresswell）的音乐节奏，在电视屏幕上穿梭。另外，受到
克利的艺术理论的启发，基恩让电影中的台词像植物一样，在一个不停
运动的点上生长起来。[1]

　　从第一张图片到最后一张图片，《排队散步》是一个连续的过
程，为了避免建立一种可预测的模式，每一次线与线之间的变化和
起伏都要以不同的方式展现。[2]

这部电影的部分内容是用电脑制作的，比如"飞翔的创造者"这一
幕（图 2-1），就是在电脑上制作动画线条，然后将其与涂满油彩的画布
背景进行叠加。[3]
基恩提醒我们，动画也不过是一种运动的错觉：

　　人类的眼睛和大脑有一种功能，被称为视觉暂留现象……[4]

而"活人画"这种让静态画作"动"起来的方法（广义上的），则
一直沿用至今。像卢基诺·维斯康蒂（Luchino Visconti）、皮埃尔·保
罗·帕索里尼（Pier Paolo Pasolini）、让－吕克·戈达尔（Jean-Luc God-

---

[1]　Régine Bonnefoit, *Paul Klee. Sa théorie de l'art* (Lausanne: PPUR, 2013), 31, 39.

[2]　Lesley Keen, *Taking a Line for a Walk. A Homage to the Work of Paul Klee.* An animated
art film, produced by Persistent Vision Animation, Glasgow, for Channel 4 and the Scottish Arts
Council (London: Channel 4, 1983), 21.

[3]　摘自 2016 年 8 月 30 日基恩与本章作者的通信。该片段的动画原型出自 1934 年克
利的作品《创造者》；更多详情请参见 *Paul Klee, Catalogue raisonné*, ed. Paul-Klee-Stiftung,
Kunstmuseum Bern (Bern: Benteli, 2003), 7, no. 6751。

[4]　Keen, *Taking a Line for a Walk*, 13.

ard）、德里克·贾曼（Derek Jarman）以及彼得·格林纳威等导演的电影都曾重现众多著名画家的作品。[①] "活人画"基于这样一个概念，即每一幅画都是一幅即时被捕捉并保存的图像，只有将其转换回物质实体，它才能再次变得鲜活起来。[②] 格林纳威认同这一观点，并表示绘画的意义在于：

固定、稳定、限制和定格图像。

而电影的目的是：

让一幅画动起来，才有了短暂的生命，也有了声音的轨迹。[③]

格林纳威解释说，这两种媒介之间的区别在于，绘画是静止的，而电影是运动的。在一次采访中，他提到了关于绘画和电影之间的区别，这也是他渴望在自己的作品中展现给大家的。

总的来说，我喜欢在构思我的电影画面时，从绘画的构图中汲取灵感。[④]

① Julia Quandt, "Die Inszenierung von Gemälden bei Pasolini, Jarman und Greenaway," in *Transformationen in den Künsten. Grenzen und Entgrenzung in bildender Kunst, Film, Theater und Musik*, ed. Ruth Reiche, Iris Romanos, Berenika Szymanski and Saskia Jogler (Bielefeld: transcript Verlag, 2011), 229–242.

② Joanna Barck, *Hin zum Film. Zurück zu den Bildern. Tableaux Vivants: "Lebende Bilder" in Filmen von Antamoro, Korda, Visconti und Pasolini* (Bielefeld: transcript Verlag, 2008), 13.

③ Peter Greenaway, "A dialogue with Italian art & architecture," in *Leonardo's Last Supper: A vision by Peter Greenaway* (New York: Park Avenue Armory, 2011), 6.

④ Reinhard Spieler, "Reinhard Spieler sprach mit dem Filmregisseur und Künstler Peter Greenaway," *Kunstforum* 133 (February–April 1996): 283.

在电影中，这种绘画般的构图给电影带来了流动之外的静谧感，尽管这种感觉可能稍纵即逝。除了作为电影导演，格林纳威还在近30年的时间里一直尝试通过将光线投射到著名画作的表面，使早期大师的作品具有动画效果。[①]2008年初，经过18个月的艰难协商，格林纳威获得了意大利文化部的许可，被批准对米兰圣马利亚感恩修道院（Milan Monastery Santa Maria delle Grazie）的达·芬奇壁画《最后的晚餐》进行投影（一次性）。艺术史学家和修复专家对此表示抗议，但格林纳威用以下理由为他2008年6月30日的表演进行辩护：

> 如果达·芬奇现在还活着，他一定不仅对电影制作感兴趣，还会尝试使用高清摄像机，甚至试验全息图，他会对如今的后数字时代着迷。我相信他会支持我们的工作，但有些学者并不这么认为，他们认为这幅画属于他们自己，不属于世界。但这幅画属于数字时代，也属于学术界，我们想要证明这一点。[②]

格林纳威得到了米兰建筑和景观遗产负责人阿尔贝托·阿尔蒂奥利（Alberto Artioli）的支持，他表示，这是"真正的艺术品"，是一次与莱奥纳多·达·芬奇的对话。

---

① 在鹿特丹博伊曼斯·范·伯宁思根博物馆（Boijmans van Beuningen Museum）举办的"自我"（The Physical Self）（1990—1991）展览中，格林纳威将光线投射到科内利斯·范霍莱姆（Cornelis van Haarlem）的《酒神与萨蒂耳》（*Bacchus and the Satyrs*）和鲁本斯的《狄安娜出浴》（*The Bath of Diana*）两幅作品上，营造了火焰和水波摇曳的效果。请参见 David Pascoe, *Peter Greenaway. Museums and Moving Images* (London: Reaktion Books Ltd, 1997), 212。另外，2006年，在伦勃朗诞辰400周年的纪念活动上，他在阿姆斯特丹国立博物馆（Rijksmuseum in Amsterdam）为伦勃朗的名作《夜巡》（*The Night Watch*）制作了动画，请参见 s.n., "Videokunst. Das bewegte Bild," in *Der Spiegel*, no. 16 (2006): 129。

② 请参见罗伯特·布斯（Robert Booth）与彼得·格林纳威的访谈，"Greenaway's hitech gadgetry highlights da Vinci for the laptop generation," *The Guardian* (02.07.2008): 5。

彼得·格林纳威将光当作画笔，与《最后的晚餐》进行真诚而又恭敬的对话。①

这一说法反映了电影与绘画之间的一种理念。这场耗时 20 分钟的投影秀名为《达·芬奇的最后晚餐：格林纳威的一场幻觉》（*Leonardo's Last Supper: A vision by Peter Greenaway*），在开场，导演用一道窗户的投影在壁画上逡巡。原来教堂的墙上就有这样一扇窗户，后来被砖砌起来了，通过这种方式，格林纳威努力重建莱奥纳多时代的照明条件。《最后的晚餐》中的细节，比如使徒们指向基督或天堂的手，在短暂的光线中突显出来，而其余的场景则消失在黑暗中，接着，酒和血从桌子边缘流下来。投影秀的结尾是耶稣的神化，他周围环绕着光晕，伴随着灯光效果，使他从完全黑暗的壁画中脱颖而出，伴奏音乐是由马尔科·罗比诺（Marco Robino）创作的。

为了不让这一精彩绝伦的投影秀成为绝唱，Factum Arte 公司制作了壁画的复制品，并按照教堂的墙壁和拱形天花板的比例建造了一比一模型。② 这组作品于 2008 年 4 月至 5 月期间，在米兰王宫女像柱厅（Sala delle Cariatidi of the Palazzo Reale）展出。展厅中央有一张布置好的桌子，与《最后的晚餐》中的桌子相呼应（图 2-2），展厅内的所有物品，包括桌子及桌子上摆放的陶器、面包等，都是纯白色的，也都可被投影，甚至连走过展览空间的观众也成了投影秀的一部分。2009 年秋季，完整的装置在澳大利亚墨尔本艺术节上展出了，第二年又在纽约的公园大道军械库（Park Avenue Armory）展出。

在 2009 年的威尼斯双年展上，格林纳威创造了另一场"数字演

---

① Alberto Artioli, "The cultural basis for Greenaway's Last Supper," in *Leonardo's Last Supper: A vision by Peter Greenaway* (New York: Park Avenue Armory, 2011), 9.

② Factum Arte, "是一个在马德里的跨学科工作坊，致力于当代艺术的数字化和复制品的制作"。它与 Factum 数字保护技术基金会一起进行项目研发。

绎"。这一次是制作保罗·委罗内塞（Paolo Veronese）在 1562—1563 年为威尼斯圣乔治·马焦雷修道院（Monastery of San Giorgio Maggiore）绘制的油画《迦拿的婚宴》（the Wedding at Cana）的动画，这幅画自 1798 年以来一直被收藏在卢浮宫。2007 年，乔治·西尼基金会委托 Factum Arte 公司制作了长近 10 米、高 6.5 米以上的复制品，并将其挂在画作原本所在的修道院。由于格林纳威在圣乔治·马焦雷修道院的投影秀只是在一幅复制品上进行，这使他省去了与相关部门长时间讨论的麻烦。观众们在修道院中央的木制座椅上坐下，观看这场 50 分钟的表演，意大利作曲家安德烈·加布里埃利（Andrea Gabrieli）、乔凡尼·加布里埃利（Giovanni Gabrieli）以及安东尼奥·维瓦尔第（Antonio Vivaldi）的乐曲与投影保持同步的变化。[1] 其间，格林纳威用他的投影在复制品上叠加一个红色的直线网络，按照画的主轴线走向，朝向基督的形象。然后，每一个画中人物旁边都出现了一个数字，使观众意识到参加婚礼的人数——一共 126 人。投影秀中灯光的精度被精确到毫米，以配合这幅画的构图。在一个场景中，黑色背景上逐渐出现白色轮廓，勾勒出画中所有客人、物体和建筑的形状。紧接着，投影视角向前倾斜 90 度，让观众有一种鸟瞰整场婚礼盛况的感觉。

正如在《最后的晚餐》部分提到的那样，格林纳威通过光影展示了对这幅画的分析，同时也是一种高度主观的解读，取名为《达·芬奇的最后晚餐》和《保罗·委罗内塞》正是基于此意。因此，在《迦拿的婚宴》之后，每一场投影秀都会有一个副标题："格林纳威的一场幻觉"。

在圣加仑艺术博物馆（Kunstmuseum St. Gallen）（2012 年）和苏黎世美术馆（Kunsthaus Zurich）（2016 年）的展览中，皮皮洛蒂·里斯特（Pipilotti Rist）也使用了 19 世纪的画作进行投影展示。在圣加仑艺术博

---

① Andrew Ford, *The Sound of Pictures. Listening to the Movies, from Hitchcock to High Fidelity* (Collingwood Vic: Black Inc., 2010), 247.

物馆，她选择了馆藏的卡米耶·柯罗（Camille Corot）1834年创作的《加尔达湖畔的回忆》（*Riva on Lake Garda*），通过一台投影机使不同层次的景观生动起来，有时光影效果会跳出画框，在博物馆的墙上徘徊。[1] 在2016年苏黎世美术馆举办的展览中，她将"太阳（我们的终极光源）的日出与日落"投影到一幅匿名画家绘制的帆船海景画上。[2] 这一投影艺术装置的标题为《很快会再见》（*Come Again Soon*），描绘了海员对大海的向往。

2013年10月4日至11月2日，英国艺术家罗伯和尼克·卡特（Rob and Nick Carter）在伦敦当代艺术协会（Fine Art Society Contemporary）举办的"转变"（Transforming）展览中，展示了如何利用最新的技术将一件作品从"静态"转化为"动态"。在伦敦MPC创意工作室的帮助下，两位艺术家将四幅荷兰17世纪的绘画制作成了动画作品。

罗伯和尼克·卡特将他们的事业描述为：

> 古老的艺术大师的鉴赏力与当代新媒体艺术之间的罕见交集。

参观展览的人会惊讶地看到，一只仰面躺着的死青蛙被苍蝇包围着，贪婪的蛆虫慢慢地把它变成了一具骨架（图2-3）。这幅画是小安布罗修斯·博斯查尔特（Ambrosius Bosschaert the Younger）于1630年创作的。这部2.5小时的影片在4k分辨率的屏幕上循环播放，屏幕被挂在墙上，像一幅画一样被装裱起来。就像乔尔乔·瓦萨里（Giorgio Vasari）曾说过的，对一只苍蝇无限逼真的描绘，是对画家精湛技艺的证明。在

---

① Dominique de Font-Réaulx, "Pipilotti Rist au musée," *Les lettres & les arts. Cahiers suisses de critique littéraire et artistique*, no. 14 (2012): 71–75.

② 节选自2016年7月22日苏黎世豪瑟沃斯画廊（Galerie Hauser & Wirth）朱莉娅·文德利希（Julia Wunderlich）的访谈：Technical information about the work: Pipilotti Rist, *Come Again Soon*, 2016, video installation: oil painting, projector, media player, 62.2cm × 98.2cm × 4.5cm; duration: 6' 49"。

《名人传》（*Lives of the Painters, Sculptors and Architects*）一书中，他讲述了一个小故事：年轻的乔托（Giotto）曾在他老师奇马布埃（Cimabue）画中人的鼻子上画了一只苍蝇。

> ……苍蝇看起来十分自然，以至当主人继续画画时，以为是真的苍蝇，不止一次用手把苍蝇赶走，直到他发现自己看错了。[①]

博斯查尔特以惊人的精确度描绘死青蛙和苍蝇，长期以来都备受盛赞。罗伯和尼克·卡特试图超越大师，用数字技术制作苍蝇的动画，并添加蛆虫啃噬的场景，让青蛙在我们眼前慢慢分解。

就在卡特兄弟在伦敦举办展览的同一年，格林纳威应"死亡之舞协会"（Verein Totentanz）之邀，在巴塞尔传道士教堂（Predigerkirche in Basel）前的墓地上制作了一场《死亡之舞》（*The Dance of Death*）光影秀。《死亡之舞》是一幅六十余米长的画作，绘制于墓地的墙上，1805年被拆毁，格林纳威以一种极具原创性的方式让它"重生"了。在之后的出版物中，他阐述了还原的方法：

> ……我们对墓地进行了有代表性的重新设计，其中有12个露天墓穴可供游客参观，六个墓穴位于教堂内部，沿着教堂的北墙还有九个具有代表性的墓碑（图2-4）。[②]

《死亡之舞》光影秀举办于万圣节前夜，格林纳威以老马特乌斯·梅里安（Matthäus Merian the Elder，1593—1650）的版画以及埃马努埃

---

① Giorgio Vasari, *Lives of the Painters, Sculptors, and Architects*, Everyman's Library Classics, 2 vols. (New York: Random House, 1996), 1, 116.

② Peter Greenaway, "The Dance of Death," in *The Dance of Death. Ein Basler Totentanz*, ed. Verein Totentanz (Basel: Christoph Merian Verlag, 2013), n.p.

尔·比歇尔（Emanuel Büchel，1705—1775）和约翰·鲁道夫·费耶拉本德（Johann Rudolf Feyerabend，1779—1814）的水彩画作品为基础创作完成，这些原作如今只剩零星碎片。[1] 此外，他还创作了其他作品的动画，比如小汉斯·荷尔拜因（Holbein the Younger）的木版画《死神之舞》（*The Grosser Totentanz*）。[2] 以这些图像资料为起点，格林纳威利用我们这个时代所能提供的最大艺术可能性，创作了一场死亡之舞。

16 世纪至 17 世纪，雕刻家和版画家通过传统的方式，与广大观众进行交流。而如今，在我们的展示中，取代了当时的雕刻针、雕刻刀和墨水印刷，我们将他们的解读与现代技术相结合，使用 Photoshop 以及 2D、3D 软件，重新解读《死亡之舞》。[3]

在巴塞尔教堂的《死亡之舞》光影秀中的 37 对舞伴 —— 每对舞伴由一个死亡形象和一个人类种族的代表组成 —— 也由演员扮演，但演员的角色是颠倒的：生者走向死亡，而亡者享受生活。电影媒介具有一种特殊的性质，在《死亡之舞》光影秀的背景下，它变得非同寻常。媒体学者杰茜卡·尼切（Jessica Nitsche）解释如下：

因为电影媒介的一个特征就是将凝固的（"死的"）图像带入到（"活的"）运动中，因此，"死亡之舞"就具有一种自然的、本体论般的亲和力。与绘画、壁画等平面艺术不同，电影真正提供了"让死亡起舞"的可能性，还有什么能比电影图像更适合给人以死亡的

---

[1]　Franz Egger, *Basler Totentanz* (Basel: Buchverlag Basler Zeitung and Historisches Museum Basel, 1990), 20, 33, 36.

[2]　Alexander Goette, *Holbeins Totentanz und seine Vorbilder* (Hamburg: Severus Verlag, 2013), 192–194, plates nos. III–IX.

[3]　Peter Greenaway, "The Dance of Death," n. p.

感觉呢？①

自古以来，"亡者复活"这一主题就一直令人类着迷不已。按照奥维德（Ovid）的传统解释，皮格马利翁是"艺术家的原型"之一。②剑桥大学在其网站上自豪地描述了自创的"数字皮格马利翁"小程序，可以让人在电脑屏幕上以3D的形式制作照片：

> "数字皮格马利翁"小程序是罗伯托·奇波拉（Roberto Cipolla）教授的创意，他和卡洛斯·埃尔南德斯·埃斯特万（Carlos Hernandez Esteban）博士一起拍摄了一些照片，并制作出了令人惊叹的效果。

互联网上的一段视频显示，该程序的用户触摸了电脑屏幕上的一个女孩的照片，之后，女孩动了起来，姿态与西斯廷教堂天花板壁画中的天父一模一样。

---

① Jessica Nitsche, ed., *Mit dem Tod tanzen. Tod und Totentanz im Film* (Berlin: Neofelis Verlag, 2015), 11.

② Bätschmann, "Pygmalion als Betrachter," 242.

第三章

影像之旅

凯瑟琳·格费勒

本章追溯了一段始于 20 世纪 80 年代的纳沙泰尔大学的历史。当时我曾在露西·加莱克特罗斯·德布瓦西耶夫人（Madame Lucie Galactéros de Boissier）的指导下研究艺术史，并通过我自己的艺术实践延续至今，因此，我才可以以艺术家的身份和你们交流。在本章中，我不会讨论博物馆活动（与藏品的获取、保存和研究有关）[1]，而是讨论展览空间相关的内容。艺术家通常会在创作时被自己的作品感动，但艺术历史学家和策展人的工作则始于一件艺术作品完成之时。历史学家在历史的框架内工作，艺术家则在他的创作所持续的时间内工作——古希腊人称之为"kairos"，意为"化时为机"。[2] 这通常是一段令人伤脑筋的时间，因为艺术家需要把他手中的"材料"转变成一个艺术作品。虽然新媒体大大延展了表达的可能性，但并没有消除创作时的焦虑，所有内容都需要创作者去发现：艺术家必须投入其中，不断尝试、努力、犯错，然后重新开始。这同时也是一个关于新媒体利用的问题，在新媒体中，我们可以用什么来创作作品。但这包含一定的风险，因为这是一个全新的尝试，一个关于自我暴露的挑战。我们将投身于一场冒险，这涉及我们生命的大部分意义——总是比我们最初的想象多一点儿，但好在这种冒险与新媒体可供我们研究的内容能够很好地协调。在我作为一名艺术家的创作活动中，我从使用银胶胶片过渡到数码摄影，并最终在博物馆、纪念碑、

---

　　① 纳沙泰尔大学艺术史和博物馆学研究所（Institute for Art History and Museology at the University of Neuchâtel）的博物馆研究专业硕士学位包括一门关于"博物馆活动：获取、保存和研究"的课程，该课程主要针对博物馆活动中一些鲜为人知的方面。

　　② Robert Beekes, *Etymological Dictionary of Greek*, 2 vols (Leiden/Boston: Leiden University, 2010), 1, 617: "kairos: right measure, (right, decisive) point of time, (favorable) opportunity."

城市背景和自然中创造了许多不朽的多媒体装置。[①]用于呈现作品的不同方式并非对作品本身没有影响：每一次改变都会导致作品意义的转变，从而产生新的诠释。

我将通过阐述艺术家与新技术的关系来介绍我的主题，这就好像两者是要完成工作的伙伴一样。埃米尔·贝尔纳（Émile Bernard）在看了塞尚的创作过程以后说：

事实上，他的学习方法是一种手握画笔的冥想。[②]

我喜欢和我的相机对话，因为我觉得除了我要求它做的事之外，它也许也有一些话要说。我们都知道，图像有出错的情况，例如，机器在意外按下录制按钮后启动；这时，我们可能会发现一些神秘、模糊的图像，这些图像既没有清晰可识别的主体，也没有结构。这种误触显示出相机可能也具有一定的个人表达能力。这种技术性失误本身就可以作为一个主题，因为艺术家与他们的创作设备有着独特的关联，但这并不是我想详述的，因为这会把我们带向一个完全不同的方向。[③]

今天，我想在这里展示我持续了将近30年的艺术创作。我的艺术创作活动最初并没有使用数字工具，但发展到现在，我在我所有作品中都会使用，并在决定将我的作品放置在画廊、艺术中心或博物馆时，也考虑到数字工具的效果；因此，数字工具不仅改变了我拍摄和构图的方式，也改变了我展示作品的方式。多年来，我一直试图通过将摄影媒介

---

① 2015年在瑞士莫蒂艾斯举办的户外艺术节，我创作了一个名为《森林女子》（*La Femme Forêt*）的视频，并将其放置在村庄边缘的一间小屋里，置于莫蒂艾斯的森林与瀑布环绕中，共同构成一个多媒体装置艺术，让游客们可以享受眼前的美景。

② Michael Doran, ed. *Conversations with Cézanne* (Berkeley/Los Angeles/London: University of California Press, 2001), 59.

③ Peter Geimer, *Bilder aus Versehen: Eine Geschichte fotografischer Erscheinungen* (Hamburg: Philo Fine Arts, 2010).

与其他媒介（比如视频、声音装置或从图像中产生的文本）联系起来，从而降低摄影媒介的影响，而动作、声音和文字使静态的图像充满了生命力，也使它们特别有说服力。我想把这些元素引入摄影中，表达一个充满活力的世界，而新媒体汇集了这些不同的声音，让静态的图像从原本的框架和束缚中跳出来。这些数字工具让我可以用不同的方式与公众对话，并且用这些新技术来丰富和深化我的研究，比如：发掘图像中无处不在的动感以及与知觉的同步性；或者通过对声音和视觉的混合、中断、跳动、重复来影响对图像的理解；或者用不同的播放速度将真实和虚构的影像进行叠加等。当我穿过沙漠景观或漫步在诸如洛杉矶、纽约、约翰内斯堡、罗马和柏林这样的大城市时，这些都是我试图表达的概念。这种充满节奏感的时间和空间的交织，对我们感觉和理解世界的方式产生了很重要的影响。

为了回答本次研讨会提出的问题，我会分别描述不同的数字工具，这些数字工具帮助我创作了大量的作品，也构成了我艺术生涯的一部分。受篇幅所限，我无法详述每一个阶段，因此，我将集中精力来讨论使用了新媒体的摄影系列作品。从 20 世纪 80 年代开始，一直到近期的作品，都有新媒体的影子，这也说明了新媒体在我的艺术创作生涯中的比重之大，无可取代。

我有一个系列是拍摄世界各地的沙漠景观（包括美国加利福尼亚、中国西藏、印度、玻利维亚、智利、阿根廷、西班牙安达卢西亚、英格兰等地）。背上一个背包，装满了沉重的摄影器材，就踏上了拍摄之旅。我使用的是西巴克罗姆彩色印相法（Cibachrome），也被称为银盐染料漂洗印相法（Ilfochrome），如今已经很少见了。[1] 曾经的艺术史课程让我

---

[1] 西巴克罗姆彩色印相法是 20 世纪 60 年代在瑞士发明的，虽然在 2013 年伊尔福瑞士公司（Ilford Imaging Switzerland）宣告破产，但截至 2016 年 4 月，仍有可能使用剩余库存完成冲印。详情请参见 Caroline Steven, "Rideau sur le Cibachrome : souriez, le petit oiseau va se coucher," *Le Temps*（2016-04-12）。

对绘画有了更深入的学习，因此，我开始在摄影作品中尝试创造绘画的效果，比如物体的触感、色彩的触感和笔触等。当站在安第斯山脉的高原时，我觉得满目之间就是一幅巨大的风景画。好像曾有一位艺术家经过，在天地间留下缤纷的染料，他走后，我来了，我来捕捉这独一无二的景观：一幅融合了想象、艺术史和摄影的艺术作品。到那些原始而偏僻的地方旅行，是一种令人激动不已的经历，在没有任何数字化的情况下（这是在20世纪80年代末）使用明胶银版印相法冲洗出的摄影作品，有一种画像化的效果（图3-1）。一般来说，我会用大幅面的两联或三联的形式来呈现这些作品。

1995年，带着将绘画和摄影融合的热情，我搬到了纽约，开始进一步进行冲印技术的实验。我进入纽约视觉艺术学院（School of Visual Arts）和库伯联盟学院（Cooper Union）进修，主要学习版画复刻技术的相关课程：丝网印刷、平版印刷、重铬酸盐光敏树胶[1]和手工纸材料研究等，并将罗伯特·劳森伯格（Robert Rauschenberg）于1959年创造的"拼贴法"用于我的摄影作品中。由此，我找到了相应的技术解决方案，来实现我对材料和摄影融合的所有想象。这些发现开阔了我的视野，也令我沉迷其中。我几乎下意识地开始拍摄纽约的街道，那些红色、橙色和赭色砖房所产生的混合效果，以及透明的外墙和玻璃上形成的反射等，这些作品都收录在《纽约：城市的装饰带》（New York: Urban Friezes）系列中（图3-2）。[2]

人群的行走节奏、路人聚散的模式、他们前进过程中形成的不同图案，以及每个人不同的皮肤、头发、衣服和走路时的姿势，最后都融入了城市的建筑中。我用剪刀把冲洗好的照片剪开，再用胶水把不同

---

[1] David Scopick, *The Gum Bichromate Book: Non-Silver Methods for Photographic Printmaking* (Oxford: Focal Press, 1991).

[2] 系列作品《纽约：城市的装饰带》于1997年在瑞士拉绍德封（La Chaux-de-Fonds）的蒂克别墅（Villa Turque）展出。详情请参见：Catherine Gfeller, *Villa Turque, Photographies, Les cahiers d'artistes* (La Chaux-de-Fonds: Éditions Montres Ebel S.A., 1999).

的部分粘在另一张纸上——在过去，我就是这么进行创作的。我把这种技术称为"转印"，以表明它不是摄影，而是照片冲印和再制作的结合。1996年，我在纽约买了第一台个人电脑，起初是为了写下我的工作笔记，后来开始用Photoshop之类的软件来完善我的作品。也是在纽约，我买了我的第一台摄像机，拿着它，我仿佛回到了10年前，回到了那些沉迷于加利福尼亚州美轮美奂的风景的年代。我不停地用手中的摄像机拍摄，这种新的拍摄方式，解放了我的视野。一开始，我反复地在移动和静止之间切换，不断地拍摄周围的风景，之后，当我回放时，我会按下停止键，截出特定的图片。我会逐帧检视每秒内25—30帧的图像[1]来分析拍摄的内容。此外，视频还可以添加与影片时长相匹配（或不匹配）的声音、语音等，这些拍摄加利福尼亚州的早期实验作品可以参见《干扰》（Brouillages）视频，该视频是名为《州》（States）的五章视频作品的一部分。通过这种方式，摄像机与景观之间形成了一种不同的关系。剪辑和构图是后期制作的工作之一，让我重新体验了最初的感觉。我非常喜欢这种随时间推移的工作过程：它们就像一层层的意义，不断叠加，最终将想象丰富和完善为现实。

　　《纽约：城市的装饰带》系列作品于1999年获得了汇丰银行摄影奖（HSBC Photography Prize），同年，我离开纽约前往巴黎。[2]21世纪初，各类计算机软件如雨后春笋，让我可以将作品的色彩和构图渲染得更加复杂，我称之为"多元创作"时期。每幅作品，在我看来，本身就是一个宇宙，由相互并列、交叉和对话的图像组成。具有相关性的图像会吸引观众，我们的眼睛会花时间阅读和理解不同的元素，从左到右或从上到下，成锯齿状延伸。而音乐为创作中的重复、变化、中断和连接提供了灵感，后者就像对城市、人群、考验和磨难的思考一样，彼此接踵而至

---

[1]　Sylvia Martin, *Video Art,* ed. Uta Grosenick (Cologne: Taschen, 2006), 10.

[2]　请参见凯瑟琳·格费勒的个人自传中，由塞弗兰·弗罗迈雅（Séverine Fromaigeat）撰写的文章。

又相互延续（图 3-3）。

　　2002 年，法国巴黎的瑞士文化中心邀请我在由欧洲摄影之家（Maison Europ é enne de la Photographie）举办的摄影月期间展出我的作品，并要求我将作品摆满整个展厅，这鼓励我改变展示作品的方式。展览名为"多面的她"（Several Versions of Her），展墙上带相框的照片消失了：观众们陷入了黑暗之中，他们穿梭于一个又一个房间，读着展台上闪闪发光的短语，看着有时 360 度盘旋的众多投影，坐在扶手椅上，听着法国文化公司委托工作室创作的一部音乐剧的部分章节。《脱衣者》（The Undressers）的视频在八个监视器上播放，监视器上同时播放着配乐——衣服掉到地上的声音和由此引起的对话。该展览也于 2002 年和 2004 年分别在巴黎市政厅（Hôtel de Ville de Paris）和巴塞尔艺术展（Art Basel）上举办。

　　自此之后，我开始尝试不同的展览场地和呈现更多的视频。因为每一个场地都有自己的特点，都需要定制设计和布展。不同形式和感觉的运动是我艺术创作和研究中的一个重要部分，我的艺术本质上是动态的、不稳定的、一直在变化的，就像城市中的空气一样。因此，我会灵活地处理布展中的各种技术因素，并愿意根据展示场地的特性进行调整。通过以不同的方式呈现特定作品，我对作品的意义和范围有了更深的理解，比如"脉动"（Pulsations）回顾展中的视频《涉水的人》（The Waders）曾在五个地点展出，分别为法国图卢兹洛马涅的圣克拉尔教堂、瑞士拉绍德封美术博物馆、瑞士卢塞恩艺术博物馆、法国赛特港当代艺术中心以及德国柏林施普林格画廊（图 3-4）。[①]

　　在让·努维尔（Jean Nouvel）设计建造的卢塞恩文化与会议中心（Culture and Congress Centre Lucerne, KKL）的艺术博物馆内，在 30 米长、面向湖泊和群山的展厅里，布置了六扇错落有致的落地屏风，视频《涉

---

①　Peter Fischer and Lada Umstätter, eds, *Pulsations. Catherine Gfeller* (Poschiavo: Edizioni Periferia, 2010).

水的人》投影在屏风上循环播放①，观众可以在屏风之间随意走动，将自己的影子投射其上，成为作品的一部分。在瑞士拉绍德封美术博物馆的展厅内，这六段视频则直接投影在三面展墙上，这样紧凑的屏幕布局使观众可以直接感受到六段视频和配乐，强化了他们在走动和说话时的亲身体验。2013 年，在柏林施普林格画廊的展览中，这些视频投影到一个小展厅里的一面墙上，观众可以坐下来一个接一个地观看，体验整个系列的持续感。在法国赛特港的展览中，《涉水的人》被投影到互相交错对立的六面展墙上，观众可以四处走动参观，与不停播放的视频形成一种互动关系；而在法国洛马涅的圣克拉尔教堂内，空旷的黑暗空间里，巨大的帆布屏风平铺在地面上，观众需要走近这些屏风才能听清视频的声音。在其他系列作品中（比如《州》、《巴黎港口》（Les Bouches de Paris）、《塞维利亚少女》（The Virgins of Seville）、《多面的她》），我也在不同的场地尝试了这样的方式，比如瑞士贝勒莱修道院（Abbatiale de Belle-lay）②、法国帕赖勒莫尼亚勒（Paray-le-Monial）的神圣艺术博物馆（the Musée du Hiéron）、巴黎拉维莱特剧院（La Villette）、巴黎博杜安·勒邦画廊（galerie Baudoin Lebon）以及日内瓦当代艺术中心。

2014 年，在南非约翰内斯堡的威茨艺术博物馆（Wits Art Museum）举办的"穿越你的城市"（Passing the City Through You）个展中，800 平方米的展厅被设计成一个多媒体空间，观众可以在墙上的照片、大屏幕上的视频和展墙上的短语之间走动，然后进入一个互动空间，在一个孤立角落的小桌子上写下自己的想法。

最后，我会向各位介绍于 2015 年 2 月至 2016 年 1 月在瑞士首都伯尔尼保罗·克利中心（Centre Paul Klee）举办的"ZIG ZAG ZPK"项目。保

---

① Elisabeth Lebovici, "Passer les Frontières," in Peter Fischer and Lada Umstätter, eds, *Pulsions. Catherine Gfeller* (Poschiavo: Edizioni Periferia, 2010), 85-87.

② Caroline Nicod, "Processions croisées," in *Catherine Gfeller, Processions croisées*, ed. Foundation of the Abbatiale de Bellelay (Bienne: Édition Clandestin, 2010), 38-39.

罗·克利中心由伦佐·皮亚诺（Renzo Piano）主持设计，我会在这里"居住"一阵，与克利的艺术作品进行对话，并将整栋建筑的设计精神作为灵感来源。[①]在展览期间，我设计了 15 个左右的艺术装置，混合了照片、视频、演出、数百张便利贴的装置、一部无线电装置、一个儿童工作室、一个餐厅餐桌的设计和一个有声指南等（图 3–5）。这个有声指南也可以作为"有声向导"，它不仅可以带领游客参观博物馆内部，还加入了博物馆外的参观路线。事实上，与其说这是一个向导，不如说这是一场旅行！这个有声向导的标题为《洞察之旅》（*Trip into The Land of deep Insight*），这是来自保罗·克利创作信条中的一段话，鼓励游客四处闲逛，也顺便做做白日梦。[②]它分为 45 个部分，可以把观众带到博物馆的各个角落，比如把他们带到衣帽间、电梯间、高速公路边、信箱、沙发床、自助餐厅的一角、存放有克利作品的博物馆储藏室、工作人员的办公室、蜂巢和一张长凳边等。这些地点是保罗·克利中心的组成部分，符合伦佐·皮亚诺的愿望，与展厅或者其他壮观的景点一样重要。我的目的是想指出，在最普通、最隐秘甚至最偏僻的地方，都可以找到美感、感受诗意、进行反思、展开想象，并最终获得灵感。正如克利在《诗歌的开头》（*Beginning of a Poem*）中提到的一样，"诗可以从这里开始……"[③]

最后，我想指出，我真的很享受用新媒体去配合不同的场地的过程，这种直接或间接的对话，常常会带给我另一种思考。而城市、国家、不同的建筑风格、周围的景观、公众和博物馆馆长的期望，以及其他艺术家的陪伴，都是我灵感的来源。每一次新的经历都为我们打开了通往未知的道路，也让我们看到了未来的工作方向。

---

① Régine Bonnefoit, "Polyphonie, Fuge, Kontrapunkt und ein Detektiv," *Neue Zürcher Zeitung*, no. 181 (08.08.2015): 47.

② Paul Klee, "Creative Credo," in Herschel B. Chipp, *Theories of Modern Art. A source book by artists and critics* (Berkeley and Los Angeles: University of California Press, 1968), 182–186.

③ Paul Klee, Catalogue raisonné, ed. Paul-Klee-Stiftung, *Kunstmuseum Bern* (Bern: Benteli, 2003), 7, no. 7391.

第四章

数字交互艺术的收藏：博物馆与在线媒体艺术的多样性

让·保罗·富蒙特罗

网络艺术彻底改变了媒体机构，也改变了当代艺术的传播和接受方式。得益于移动通信和信息技术带来的扁平化和去中心化的特点，网络艺术在互联网上的表达和记录，为作品的展示和传播提供了一种隐形的方式。在这种情况下，完美地"收藏"艺术作品本身就不再是目的，因为网络艺术这种形式，意味着作品随时可以被公众获取。同时，除了与这些作品紧密相关的技术、方法逐渐"过时"，导致恢复这些作品变得更加棘手之外，人们对于网络艺术作品的"更新"提出了另一个更加关键的问题：如何保证作品的"可访问性"。

自20世纪60年代以来，美术为了拓展审美情境的体验，不断探索新的艺术对象：各种装置、各类"现场"活动、概念艺术、环境设施以及如今的硬件配置等。起初，观众对艺术作品的参与是一种"共现"形式（例如极简主义艺术），之后随着观众在展览中形象的变化（比如闭路视频装置）而不断发展。如今，由于不断强调互动性，这种参与感则通过整合公众的动作和姿态得到了加强。除了单一的艺术领域，交互性在所有媒体中呈现出越来越多的维度，在这方面，互动性极大地影响着当代创作，为所有观众提供"积极""有效"的参与渠道。数字交互艺术大多在网络上传播，有时也会在公共场合出现，它具有极大可塑性、算法可执行性、环境可浏览性以及形式可变性等特征。如今的新媒体展览，无一例外，都在寻求让观众参与到展览中来，有时还对观众提供对展览本身进行创作的机会。诞生于20世纪90年代的网络艺术（即取材于互联网的设计，同时也为互联网而设计的艺术）是这种集体创作的典范。在当时，无论是艺术家还是计算机专家，无论是硬件技术装置还是仪式化的社会活动，都参与其中，这远远早于被称为"众包技术始祖"

的维基百科或博客的发展。①事实上，在数字创新和当代艺术的交叉路口，网络艺术也带来了研究、创作和保存的新问题：比如艺术家作品的概念转变问题、作品生产和流通方式的重新定义问题以及在展览展示、投放市场或保存形式等方面的解决方法与策略问题等。

网络艺术类似于一种媒介学艺术，它起源于20世纪70年代录像艺术的先锋实验，并沿袭了20世纪80年代计算机艺术之后的一种艺术形式。亮相于1994年的《档案室》（*The File Room*）是最早的网络媒体艺术作品之一（图4-1，4-2）。②它由安东尼·蒙塔达斯（Antoni Muntadas）发起，由芝加哥伦道夫街画廊制作并展出。该画廊源起于一位艺术家的倡议，现已发展成为一个大型的当代艺术中心。这个虚拟互动档案室收集了两千年来社会和文化审查的资料，记录了数百个被认为是文化审查的案例，这些案例都曾在媒体或其他公共论坛上被报道过。这个作品引发了关于审查制度本身的讨论，并建立了一个关于个人和社区表达受挫的数据库，或者，我们将其称为一段隐藏的历史。档案室的任何访客都可以通过填写一个简单的在线表格将新的审查案例添加到数据库中，或按地理、主题、媒介或时间等关键词进行搜索。《档案室》利用通信和计算机技术建立了一个审查案例的数据库，并将该数据库提供给全世界。该数据库收集了按国家分类的审查案例，并提供了审查制度的历史概况简述。另外，该网站支持在线讨论，并可提供被审查出版物的原文下载服务。

互联网同时成为这个新的艺术世界的技术平台，它提供了全新的创作工具、新的艺术品类的环境和社会系统，其中关于合作关系的问题更是从根本上更新了艺术与社会的关系。所谓平台，我们可以把它理解为

---

① Matthias Weiss, *Netzkunst. Ihre Systematisierung und Auslegung anhand von Einzelbeispielen* (Weimar: VDG, 2009).

② Sven Spieker, "On the question of archives and entropy in contemporary art (Legrady, Muntadas)," in *The archive as project—the poetics and politics of the (photo)archive,* ed. Krzysztof Pijarski (Warsaw: Fundacja Archeologia Fotografii, 2011), 114–141.

一种传播载体，因为互联网就是它自己的传播者；所谓工具，我们认为它是一种生产工具，它产生了艺术作品的新用途，同时也产生了新的艺术装置；而所谓环境，我们指的是一个宜居宜业的场所。在这种表述的范围内，网络艺术可以表现在具体的交互装置的设计上，也可以表现在网络生活形式和网络传播策略的生产上。

如今，互联网被用作线上工作室，被用作展览空间，也被用作思考的地方，换句话说，互联网已成为艺术作品创作和面向公众展示的场所。此外，取材于互联网的设计和为互联网设计的艺术，还包含媒体的结构和架构、计算机代码和生成的程序、超链接和路径的配置以及最后的传播形式与内容。因为创作工作的一个重要部分就是将艺术作品展现在潜在的公众面前，使其能够最大化地发挥作用。

网络艺术的"实现"

在如今的环境背景下，艺术作品是展现互动装置在交流场景下的设计与创作。在艺术作品实现的"可能性领域"不断扩展的情况下，实验性变得比传统的信息内容传递逻辑更加重要。这通过以下不同的方式来实现：

> 这里所指的装置，是将技术系统中的不同部件进行排列编组，它可以由硬件装置与软件系统组合相连，以提供交互性。互动装置可以是固定的（即硬件装置本身），也可以是分布式的（比如当它应用于网络技术，尤其是互联网时）。
>
> 系统界面是装置的一部分，它充当了翻译的角色，即通过操作系统界面，建立机械活动和人类活动之间的转换机制，从而创建装置与公众之间的关系。如今这种通过系统界面来联通互动装置与公

众行为的互动媒体技术，已经相当成熟。

公众行为包括了所有通过系统界面操作装置的人类行为。这样我们就可以区分出在技术环境下能够预见到的不同类型的互动，以及艺术家、艺术作品和公众之间相应的不同的互动模式。最基础的互动模式是在一个透明的、具有延展性的信息空间内进行定位。更复杂一些的互动可能会触发编程算法的生成；在这种情况下，就同时变成了一条对互动装置的执行者的编码请求，以及一条指向艺术品创作者的分支算法。如果装置执行者可以输入数据，还会出现第三种互动关系：这是一种贡献性的互动；它可能会对艺术作品的内容或形态产生重大影响，也可能不产生影响，贡献度是与改变量相结合的。最后，互动性可以成为人与人之间媒介性交流的沃土。在这种情况下，互动（即实时的集体行动）构成了艺术作品的核心。

每一种互动形式都有其特定的用途、不确定性、制约因素和偏好选择，这些因素共同构成了艺术品本身及其推广模式和存在条件。因此，每一件网络艺术作品都是作为一种对话形式展开的，它同时具有审美性、媒介性和社会性，而这种对话形式只能通过操作或行为来实现，也就是说，它应该作为一种需要进行认知构建的装置被理解。以下节选自克里斯托夫·布鲁诺（Christophe Bruno）的《非守恒定律》（*Non Conservation Laws*）：

在全球化和网络资本主义的背景下，艺术领域和策展行业逐渐对生产—分配—消费过程中的时间性、发展性和陈旧性提出质疑。其中，特别涉及不同时间尺度的艺术消费问题，比如艺术作品的寿命问题以及艺术品的瓦解、消失、重现的定义……

关于错综复杂的关联性，作者提道：

在可观察性和使用性之间，在神圣和亵渎之间（图4-3），艺术作品旨在观察物体的恒常性与表演的短暂性之间、灵气的衰败与复活之间还未被人类染指的现象。

该书的书名表明，"自然界的一切应受守恒定律支配"，它描述了在一个封闭系统中某一事件发生后的恒量。例如，下面这个关于能量守恒的思考：

当守恒定律应用于艺术生产、分销或消费等场景时，还是否适用？因此，该书名有双重含义：守恒的"恒"，在这里也意味着艺术品保护的"护"。

网络艺术的"展示"

其实，在很大程度上，这些网络艺术装置并不属于传统博物馆收藏和展示的范畴。[①]网络艺术作品的无序性、极大的可塑性、不稳定性和多变性，与以现当代艺术展览协议为基础的博物馆体系显得格格不入。但它们在互联网的存在方式，使人们能够对原创性的展览装置进行直接的分析与讨论，成为艺术作品和公众之间的新媒介。

一方面，博物馆会邀请艺术家参与其作品的传承和保护工作。事实上，一些博物馆现在正在建立这样的渠道，来制定非传统媒体创作的艺术作品的展览和保管策略。其目的是在电影材质的脆弱性、互联网的互动体验性、电子广播媒体的不断演变以及数字媒体快速发展的背景下，

---

① Jean Paul Fourmentr aux, "Internet au musée. Les tensions d'une expositionconcertée," *Culture et musées* 8, no 1 (2006): 135–158.

保护这些艺术作品的完整性。2003 年，在纽约古根海姆博物馆的倡导下，国际文化组织发起了一个有趣的网络项目（图 4-4）。它基于网络艺术作品的"媒介多变性"（The Variable Media Network）理论范式：主张收藏的理念具有适应性和开放性，并能够防止技术倒退。根据"媒介多变性"项目提出的方法，它将各种保管策略和工具与展览方案联系起来。

不管是有意为之，还是由于技术的发展，一些博物馆现在已经将艺术作品的变化性考虑在保管与展览方案之内。在这种情况下，艺术家应积极参与到作品的展览中：他们需要向博物馆及公众提供作品相关的信息和展陈建议，使展览更加完整且丰满。同时，展览机构也需要积极地与艺术家进行对话，以便更多地了解特定艺术品的技术特征，从而预测可能与之相关的未来趋势，并确定展陈策略以及可接受的展品耗损程度。

"媒介多变性"项目还提出了另一种替代性的保管策略，用比原始媒介更稳定持久的方式来保存艺术作品。这种方法源于古根海姆博物馆为保护馆内世界知名的极简、概念性和视频艺术收藏而做出的努力。该项目得到丹尼尔·朗格卢瓦艺术、科学和技术基金会的支持，随后由"开创未来"（Forging the Future）联盟推动。这个多元化的网络组织的目的是通过开发必要的工具、方法和标准，来拯救过时的和被遗忘的创意文化[1]。

这些基于多媒介艺术作品的保管和展览的新策略，使博物馆对包含艺术项目（软件艺术）、电脑游戏和在线设备等内容的网络艺术作品，在收藏和布展方面更具包容性和可实施性，也使其对新媒体表演和艺术装置的态度更为开放。事实上，在这种背景下，伴随着网络艺术作品的

---

[1] Alain Depocas, John Ippolito, and Carolyn Jones, *Permanence Through Change*: *The Variable Media Approach*. (New York/Montreal: The Solomon R. Guggenheim Foundation/The Daniel Langlois Foundation for Art, Science, and Technology, 2003).

诞生，也产生了许多极具价值的收藏，博物馆的这种姿态和策略，对于公众的接受度，可能是最好的方式。以下摘自收藏机构的指南及帮助文件：

> 作品的多样性应包括以连续模式（流媒体）播放的文件、网站、动画、网络艺术和在线转换的表演等内容。其中，不依赖网络环境的作品的收藏更容易实现。而基于流媒体、HTML、Flash 或其他独立应用程序的媒体作品应保存在 CD 上，并配有个人计算机平台所需的播放软件，而且需将"使用说明"文档一起保存在 CD 或硬盘上，并附有作品说明、操作方法和所需硬件。[①]

因此，技术上的无障碍性成为很关键的问题：就像一个音乐分区或一套统一的指令，用来协调艺术作品间由于安装、表演、"互动"和网络化等操作造成的不同"动作"。这些说明文件列出了展览前必须满足和遵循的要求、条件和建议，以及可以使用的网络艺术作品类型。"媒介多变性"项目允许创作者从下列四种策略中选择，来解决特定媒介的过时问题[②]：

> 存储：最保守的收藏策略（也是大多数博物馆的默认策略）是以物理方式存储作品，包括将专用设备封存或将数字文件保存到磁盘上。主要缺点是，一旦存储介质过时、停止工作或损坏，作品就会消失，难以恢复。
>
> 模拟：模拟是指设计一种方法，通过完全不同的手段来还原作

---

① Tiffany Ludwig, "Franklin Furnace Archives, Inc.," in Alain Depocas, John Ippolito, and Carolyn Jones, *Permanence Through Change: The Variable Media Approach* (New York/Montreal: The Solomon Guggenheim Foundation/The Daniel Langlois Foundation for Art, Science, and Technology), 29–32.

② 请参考 Depocas, Ippolito, and Jones, *Permanence Through Change*。

品的原貌。例如，模拟丹·弗莱文（Dan Flavin）的光雕作品，就需要定制荧光灯泡，使其与原作品中的光相同，并与原作品灯泡的物理外观相似。模拟的缺点包括费用过高，以及与艺术家的创作意图不一致。比如，弗莱文在作品中，刻意选择使用普通的现成部件，而不是复杂的材料或技术。

迁移：迁移工作涉及设备和原材料的升级。比如，弗莱文的光雕作品中的荧光灯，可以升级为色调和亮度相当的新型荧光灯或卤素灯。迁移的主要缺点是，在使用新的媒介过程中，作品的原始外观可能会发生变化。即使最先进的灯具和弗莱文的原始灯具有着相似的亮度，实际的灯具看起来也可能会不同。

重新诠释：这可能是最激进的保存策略，即每次复现时都对艺术作品进行重新诠释。重新诠释弗莱文的光雕作品意味着需要找到一种当代新媒介，并且能够表达20世纪60年代的荧光灯的隐喻价值。在没有得到艺术家授权的情况下，重新诠释是一种危险的技术，但随着环境变化，这可能是对作品、装置或网络艺术进行重新创作的唯一途径。

这些合作保管的方式是通过创建艺术家、委托人、策展人和专业保管人员的合作交流平台来建立的。[1]一方面，他们都在努力构建一套关于网络艺术品媒介多变性的道德准则和标准规范，以及一个偏好矩阵，该矩阵描述了可能的策略并确定了优先次序，比如最优选是短暂存储，之后是迁移、模仿和重新诠释。

另一方面，由于他们提出的这种技术性和实验性的策略，允许网络艺术作品定义在媒介上的制作使用和公众的参与活动，让公众发挥了关键作用，并给公众创造了一种分布式的体验。因为如果将可行的媒介策

---

[1]　Bruno Latour and Peter Weibel, *Iconoclash, Beyond the Image–Wars in Science, Religion and Art* (Cambridge, Mass.: MIT Press, 2002).

略比作乐谱，而乐谱的作用是提供一种解读方式，那么意味着这种媒介策略仍需要构建、诠释以及公众的参与。如果我们将这一分析扩展到所有的互动媒体，那么媒介策略的效果实际上取决于各自的实践，而如今的公众更专业、更有见地，因此，这种关于媒介多变性的实践变得尤为重要。在这许多的媒介策略中，需要形成一些"取舍"的偏好，虽然这种"取舍"不一定是绝对理性或绝对感性，并有可能会被取消或重新调整，但只有可操作、可执行、可实现才有意义。[①] 从这个角度来说，所有可行的媒介策略的基础都是易操作性：如果没有基本的创造性、知识性和技术性工作 [这些工作是通过手及其在屏幕上的扩展（如鼠标指针、光标等）来完成的]，那么媒介策略则无从谈起。而如今，公众正逐渐成为互动媒体与外部世界建立关系的手段，他们对于作品的诠释往往带有实验性，并最终转化成游戏般的趣味性。2013 年，戴维·盖泽（David Guez）的《硬盘文件系列》（*Hard Disk Paper Series*）中，对于这种趣味性的说明，有这样一个关于信息传递的持久性问题的例子。

……这是一项防范各种磁场攻击的计划，反映了数字文明的脆弱性。该计划通过缩小二进制代码的范围，在纸上提供计算机文件的影像，使其在丢失的情况下可以存储和重建（图 4-5，图 4-6）。

该计划目前已完成的项目包括一系列印有电影二进制代码的书籍，比如克里斯·马克（Chris Marker）的《堤》（*La Jetée*）以及乔治·梅利斯（Georges Méliès）的《月球旅行记》（*A Trip to the Moon*）。

总体来说，互联网从根本上改变了当代艺术的创作和传播形式，并将展览的模式和功能引向新的方向。而媒介策略动摇了艺术作品"产

---

① Anne-Marie Duguet, *Déjouer l'image* (Nies: Jacquelin Chambon, 2002); Jean-Louis Boissier, *La relation comme forme. L'interactivité en art* (Genève: Mamco, 2006); Jérome Denis, "Preface: The New Faces of Performativity," *Études de communication*, no. 29 (2006).

生"的方式，并使艺术家产生新的"授权叙事"①。布鲁诺·拉图尔（Bruno Latour）和彼得·魏贝尔（Peter Weibel）讨论的"话语展览"的概念，也说明了从创造事物到使用、框架和工具化事物的逐渐转变。②由于网络艺术在表现模式和操作模式方面均有所拓展，涉及对作品的感知和经验，这意味着就图像的传达媒介而言，需要一种与音乐领域中的"解读"等价的东西，即"实践"的意义。这种实践既包含作品本体，也包含作品所使用的技术，甚至还包含网络艺术作品的创作者、搭建者、布展者、收藏者以及参观者。同时，这种媒介实践避免了先验性地预设用户的角色和位置，以便他们可以加深对技术配置和社会关系的理解，这也是这类实践可以成立的先决条件。因此，对技术或装置进行的各种操作不能与作者的意图或计划相左；相反，应该在"创作者"和"用户"这两种角色间进行。与米歇尔·福柯（Michel Foucault）的"装置"③相比，实用媒体的泛化程度更低。与罗兰·巴特（Roland Barthes）定义的电影"系统"④相比，实用媒体的实用性和交互性更强，实用媒体在工具性范围内，为艺术作品引入了新的表现手段，将装置的概念重新引入艺术创作的实用主义视野，与"配置"或技术、"艺术手段"和对媒体的一种新的"依恋"结合起来。

---

① Jean-Marc Poinsot, *Quand l'œuvre a lieu. L'art exposé et ses récits autorisés* (Genève: Mamco, 1999).

② Latour and Weibel, *Iconoclash*.

③ Michel Foucault, *Discipline and Punish. The Birth of the Prison* (Harmondsworth/London: Penguin Book, 1991).

④ Roland Barthes, "En sortant du cinema," in Roland Barthes, *Le bruissement de la langue. Essais critiques IV* (Paris: Seuil, 1975), 407–412.

第五章

从大尺度中搜索小细节：
重新定义艺术史模式

伊莎贝拉·迪莱纳尔多

弗雷德里克·卡普兰

"蹲伏的女人"的流浪

　　1967 年，一幅尚不知名的画作出现在拍卖市场上，该画作描绘了一间厨房的内部装潢（图 5-1）。它最初被认为是卢多维科·波佐塞拉托（Ludovico Pozzoserrato，1550—1605）的作品，后来被确定为是模仿的约阿希姆·布克莱尔（Joachim Beuckelaer，1530—1575）的作品。从艺术史的角度看，这是一件很普通的作品，但从艺术性上却值得关注一下。也许这幅画作已经在不同的收藏家手中流转过多次，不过，对此我们已无迹可寻。现在，只剩在佛罗伦萨艺术史研究所（Kunsthistorisches Institut）的照片库中偶然发现的一张照片，证明它真的存在过。在这种情况下，我们可以说，照片比以往任何时候都更能决定"艺术品的可见性状态"。1967 年 6 月 16 日，这幅画作曾再次出现在专家们的眼前，留下了一张照片，然后又被遗忘在历史的长河中。

　　现在，让我们试着还原一下这部作品的背景和历史，以便理解它的独特性所代表的含义。

　　这幅画的前景挤满了各种各样的鱼类和贝类，画法与其他传统的荷兰画作一样，描绘的是典型的鱼市场景。在丰富的前景之外，沿着对角线展开的是一个家庭的内部场景，出现了一个点燃的壁炉和一个餐具架。在画的最右边，排列整齐的桌子后面，一个年轻的厨师手里拿着一个大碗看向画面之外。她正被一个老人围绕着，他站在她身后，眨着眼睛。对面，一个穿着更华丽的女人，也许是房子的主人，拿着一些食物，也在看着前方。前景中的妇女之间有两个年轻的助手，还有一对夫妇在背景中的桌子旁讨论着什么。沿着对角线的视角，在前景和背景之间，画家描画了另一个年轻的厨师，她在壁炉前，背对着画面，在一个大锅前弯腰工作。最后的细节，即那个蹲伏的女人，虽然很好地与画作叙事结合在了一起，但在整幅画中似乎相当微不足道。然而，这个蹲伏的女人的存在是一个非常重要的细节，揭示了这件艺术品的谱系和影响脉络。

"蹲在中间的年轻厨师"这种构图，不是这幅画作作者的独特发明。雅格布·巴萨诺和他的儿子弗朗切斯科在 1576 年至 1577 年完成的《基督在马大与马利亚家》（*Christ in the House of Martha and Mary*）（现存于美国得克萨斯州休斯敦的萨拉·坎贝尔·布拉弗基金会）中也画了同样的一个人物。

这幅画也是扬·萨德勒 1598 年在威尼斯雕刻的一幅版画的主要内容，是"萨德勒厨房系列作品"之一。[1] 由于这幅版画，这个人物形象迅速传到了荷兰，甚至传遍了整个欧洲，并重新加入到新的构图中。

这位不知名的画家知道这幅广为流传的版画的细节，于是他决定准确地复制其中一个元素，并将其放在自己的画作里。这种创作"谱系"的重建有助于在一定程度上确认，无论是布克莱尔还是波佐塞拉托，都不可能是这幅画的作者。因为约阿希姆·布克莱尔在雅格布·巴萨诺描绘出"蹲伏的女人"这个人物形象之前，就已经去世了。而关于波佐塞拉托，该作品显示了与 17 世纪晚期紧密相关的风格体系，这与他的绘画作品体系（目前尚有争议并有待研究）是不同的。波佐塞拉托处于明显的威尼斯风格背景下，擅长处理佛兰芒的传统元素。[2] 而这幅作品反映

---

[1]　Friedrich Wilhelm Hollstein, *The new Hollstein Dutch & Flemish etchings, engravings and woodcuts, 1450–1700*, ed. Manfred Sellink, 21, no. 199 (Roosendaal: Koninklijke Van Poll, 2001), 112; Philippe Sénéchal, *Les graveurs des écoles du Nord à Venise (1585–1620). Les Sadeler: entremise et entreprise*, Ph.D. thesis (Paris: Université Sorbonne, 1987), 2, 55–56.

[2]　Isabella di Lenardo, "Mercanti, collezionisti, agenti d'arte. La natione fiamenga a Venezia e la circolazione di generi pittorici fra l'Italia et l'Europa," in *Le origini dei generi pittorici*, ed. Bernard Aikema and Carlo Corsato (Treviso: Zel Edizioni, 2013), 55–69.

了两个不同地域之间的协和：北欧传统的"静物描绘"和"市场场景"，以及威尼斯人发明的带有厨房的家庭室内场景。这将这幅画的创作时间移到了16世纪90年代的末尾到17世纪的头几年。从绘画风格的角度来看，我们可以挑出两人作为潜在的作者：迪尔克·德弗里斯（Dirck de Vries）和卢卡斯·范·瓦尔肯伯奇（Lucas van Valckenborch）。

暂且不说这幅画的历史背景，讨论作者身份的关键是要搞清楚"一个女人蹲在大锅边"这种想法是如何、何时、通过谁、以何种方式从威尼斯的绘画环境中传到荷兰的。

艺术品的形态图谱

在由费德里科·泽里基金会（Federico Zeri Foundation）赞助支持的庞大的在线数据库中，使用文本搜索字段，我们可以对雅格布·巴萨诺（及其工作室）创作的《四季》（The Seasons）进行过滤检索，将注意力集中在《春》（Spring）这幅画上。第一版《四季》是由雅格布·巴萨诺和他的儿子弗朗切斯科在1574年至1577年创作完成的。这一系列的版画作品是由扬·萨德勒在16世纪末雕刻完成的，以其为基础的印刷品在欧洲各地广泛流传。

仔细观察《春》，我们还可以发现一些"巴萨诺式"的影子，或者是在忠实原作的基础上，在前景和背景景观上进行细微变化。这种风格体系，其中一些非常有研究性，可以跟踪同一作品主体在不同日期和不同地理背景下的迁移。我们能够捕捉到，与巴萨诺的其他作品内容的唯一共同点就是前景中的挤奶女工也是一个蹲伏的女人（图5-2）。这是雅格布·巴萨诺的标志性人物动作，首创于1555—1560年完成的《天使向牧羊人报喜》（The Annunciation to the Shepherds）中，巴萨诺在画作前景描绘了一个弯腰蹲伏的人物形象。想要回溯这个具体形象，我们可以使用费德里科·泽里的在线数据库来对某个具体图案进行详细检索，前提是假设存在同一作者的副本并包含相同的主题。不过，对某个单个形象的搜索可能会带来意想不到的发现。例如，最近，发现了一幅由保韦尔斯·弗兰克（Pauwels Franck）[也叫作保罗·菲亚明戈（Paolo Fiammingo）]创作的《秋天的寓言》（*Allegory of Autumn*），这幅从未发表过的画作曾在 2009 年重现。在这幅与"巴萨诺式"的构图完全不同的画作中，同样出现了一个蹲伏着的女人，她似乎在专心致志地挤牛奶。现在，只有在将这幅作品翻拍成照片并提供给专家之后，才能进行有针对性的讨论和研究。在此之前，它只是隐藏在艺术史宇宙中的一件作品而已。

那么，我们就面临着两个挑战。一个是需要建立一个"形态图谱"，通过形态关系关联所有的艺术作品；另一个挑战是作品的访问权限和检索方式问题，不仅需要提供文本检索，还需要检索视觉元素。

借用詹姆斯·库诺（James Cuno）的观点，要问的问题不仅是如果帕诺夫斯基（Panofsky）或沃伯格（Warburg）可以通过"形态"和非文本检索方式来搜索海量的图像数据库会发生什么，我们也有必要问一下如何才能尽快构建这个共同的图像体系，以及由此可以了解图像的哪些历史。

然而，从艺术史的角度来看，在假设这种形态图谱存在的情况下，是不是意味着作品之间的形态关联可能已经被编辑和篡改了？除了图像形态以外，一幅作品里还可以发现什么？这其中哪些是有意义的，为什么它们没有被检出，或者没有关联到常用的链接里？被隐藏了的部分有多少？有多少缺失的环节存在，并会根据检索主体的变化而改变呢？

在数字世界中，最重要的是拥有可用数据的访问密钥。正如艺术史所批评的那样，通过视觉相似性的比较分析工具，人们可以随意在作品之间创造新的关联，也可以质疑和曲解。因此，在艺术史的形态图谱中，形成了历时性和共时性的谱系。

在数字时代，艺术应该反思的是，如何对存在于图像之间的复杂的视觉关联网络进行分类。这就需要一边深挖每件作品的历史背景，一边分析作品中每个独立的个体形态，两者同时进行，不可偏废。[①]新技术的应用，比如，绘画作品的复制技术，让我们捕捉到作品之间千丝万缕的联系。即使不对传统的搜索引擎上的查询元数据进行预设，查询结果依然五花八门。从广义上讲，图片之间的视觉联系有三种类型，我们可以考虑通过对相似元素划分层级来分类：

全球范围内的一般构成要素；

一个图形或一组图形；

从一个背景或一组图形中推断出的一个细节。

这样的划分，几乎完全考虑了对人眼有意义的元素形式和结构，因为相似性可以超越颜色、纹理和光影。

寻找绘画作品的时空归属

在数以百万计的图像中识别绘画作品中的共同主题，是构建形态图谱的必要阶段。直到近几年，"深度学习"的方法才在机器视觉方面取得了惊人的成就，这可以理解为将图像转换成更小维度来展现，然后进行优化，以便对其内容进行分类。[②]

---

① 从那以后，资料库有了很大的发展，它们很少相互连接，也没有搜索引擎，只能从主要的计算角度来解决绘画形式问题。对于在线存储库的发展和由于计算处理而缓慢出现的分析工具，请参见 Murtha Baca and Anne L. Helmreich, *Digital Art History* (Abingdon: Routledge, 2013)。

② Yan LeCun, Yoshua Bengio, and Geoffrey Hinton, "Deep learning," *Nature* 521, no. 7553 (2015): 436–444.

在深度学习的一个标准的分类问题中，需要用经过各种函数计算得出的多层神经网络产生的数值来表示、区分不同的对象。而神经网络本身有大量的参数，可能有几十亿。然而，具体应用到绘画作品上时，首先要将一幅由几十万个点组成的画作制作成矢量形式的投影，而矢量形式通常只有一千多的数值。

为了找到这几十亿个神经网络参数的正确对照值，算法会通过学习，逐步修改这些参数。通过这种学习，增加了网络区分不同类别对象的能力，而这些对象对应的恰恰是我们正在考虑的分类问题。为此，必须通过大量的实例供算法学习，并且还需要强大的算力。在"深度学习"中使用的卷积神经网络（Convolutional Neural Networks, CNN）的一个显著特点是，它由许多神经网络层组成，正是这些神经网络层定义了网络的"深度"。

基于学习动力学的神经网络逐渐发展出更加抽象的描述符，便于机器进一步学习和发展。有趣的是，这个过程类似于哺乳动物视觉皮层的组织方式。在哺乳动物的视觉皮层神经系统中，第一层的神经会对一些如纹理、对照等特定模式的几何元素进行识别和抽象化，相当于创造了一套简单形状的词汇表。① 相比之下，更深层的神经可以对图像的特征进行编码，比如人脸、动物或水果的外观。这种渐进式、持续性的向语义表征的递进是这类转换最显著的特征之一。通过渐进式学习，该网络可以围绕常量进行组织，从而有效地描述和区分不同类别。第一层的常量是反复出现的几何图形，而更深层的常量就像是专门的过滤器，通过结合不同层的表征，机器可以对图像进行转换，以获得最佳并可识别的编码。

---

① Norbert Kruger, Peter Janssen, Sinan Kalkan, Markus Lappe, Ales Leonardis, Justus Piater, and Laurenz Wiskott, "Deep hierarchies in the primate visual cortex: What can we learn from computer vision?," *IEEE transactions on pattern analysis and machine intelligence*, 35, no. 8 (2013): 1847–1871.

大量的研究已经证明了这样的架构在应用于图像分类时的有效性。[①]在这些研究中，最值得注意的特征之一是发现了这种神经网络对事先没有准备的情况具有良好的适应性。[②]一个用于对照片中的事物进行分类的机器，可以在其他背景下给出良好的结果，而不需要事先对其进行训练，例如对绘画图像进行分类。但需要注意的是，在初始的描述空间中获得的多维相似度只是机器给出的初始投影，还需要对其进行调整，以适应主题传输等具体问题。例如，我们可以人为设置参数，加强版画和绘画之间的视觉相似性，因为它们虽然在图形上有很大的不同，但代表的是相同的场景。

在机器的"智能"表现方面，能否找到共同的细节是一个巨大的挑战。事实上，它涉及以多尺度的方式再现绘画之间的区别与联系。一种目前可行的方法是根据先验分割准则对图像的某些部分进行预先计算。然而，这种方法需要极强的算力，且有多种限制。另一种解决方案是使用"积分图像技术"（integral images technique），它允许对图像的描述符进行预先计算，以便在其他不同的尺度下再次检索。[③]

该方法已应用于从网络画廊网站（Web Gallery）中提取的约 38 000张图像的数据集，这些图像的作品年代集中在 15 世纪至 20 世纪，包括建筑、绘画、雕塑以及彩色手稿等，但不包括实用艺术的图像。

通过机器学习发现的图像之间的相似性引起了全球范围内相关专业

---

① Alex Krizhevsky, Ilya Sutskever, and Geoffrey E. Hinton, "ImageNet Classification with Deep Convolutional Neural Networks," *Advances in Neural Information Processing Systems*, conference proceedings, (2012).

② Jeff Donahue, Yangqing Jia, Oriol Vinyals, Judy Hoffman, Ning Zhang, Eric Tzeng, and Trevor Darrell, "DeCAF: A Deep Convolutional Activation Feature for Generic Visual Recognition," proceedings of the 31st International Conference on Machine Learning, Beijing, China, 2014.

③ Georges Tolias, Ronan Sicre, and Hervé Jégou, "Particular object retrieval with integral max–pooling of CNN activations," published as a conference paper at International Conference of Learning Representations, San Juan, Puerto Rico, 2016.

人士的极大兴趣①，此外，他们还对搜索包含一个或多个图形或细节的子集感兴趣（图5-3）。

乔瓦尼·莫雷利（Giovanni Morelli，1816—1891）认为《沉睡的维纳斯》（Sleeping Venus）是乔尔乔内（Giorgione）和提香（Titian Vecellio）的作品，这是历史上研究最多的作品之一。此前，在古典大师画廊（Gemäldegalerie Alte Meister）的图录中，它要么被认为是萨索费拉托（Sassoferrato）的复制品，要么被认为是遗失的提香作品。莫雷利通过重新鉴定，确认了作品的归属，让这幅画重见天日，否则，它注定要在艺术史上籍籍无名。②无论这幅作品的作者究竟是谁（我们在此不作讨论），"沉睡的维纳斯"这个形象都代表了一种"典型形象"，从某种意义上说，它在17世纪就已经为人所知。③以至我们可以这样说，这个形象及其延展，和它在构图层面作为一个整体主题的非常重要的种种变化，一直持续到马奈（Manet）的《奥林匹亚》（Olympia）以及之后。

当查询与德累斯顿的《沉睡的维纳斯》具有视觉相似性的其他图像时，搜索引擎会给出在所有可用数据集中能够检索到的最一致的案例，它们分别为：帕尔马·韦基奥（Palma Vecchio）的《维纳斯》；保留了维纳斯"典型形象"的帕里斯·博尔多尼（Paris Bordone）的《维纳斯》，该作品具有强烈的个人风格特征；以及吉罗拉莫·达特雷维索（Girolamo da Treviso）的《沉睡的维纳斯》，这幅作品在保持了相同构图的情况下，

---

① 相关技术细节，请参见 Benoît Seguin, Carlotta Striolo, Isabella di Lenardo, and Frédéric Kaplan, "Visual Link Retrieval in a Database of Paintings," VISART Workshop, ECCV, Amsterdam, (September 2016)。

② 莫雷利在1880年根据马尔坎托尼奥·雷蒙迪（Marcantonio Raimondi）的文字资料确定这幅作品的作者和归属。据文字记载，雷蒙迪曾于1525年在杰罗拉莫·马尔切洛（Gerolamo Marcello）的家中看到这幅画。详情请参见 Ludwig von Baldass, *Giorgione* (Vienne/Munich: A. Scholl, 1964) 以及 Luke Uglow, "Giovanni Morelli and his friend Giorgione: connoisseurship, science and irony," *Journal of Art Historiography*, no. 11 (2014)。

③ Maria H. Loh, *Titian Remade: Repetition and the Transformation of Early Modern Italian Art* (Los Angeles: Getty Research Institute, 2007)。

与其他相同主题作品的色调风格差异颇大。此外，提香的长篇系列作品
《维纳斯与丘比特》（*Venus and Cupid*）和《维纳斯与管风琴手》（*Venus
with organist*）也十分有趣，它们代表了原版的反向镜像，但仍然完全
忠于原型。卷积神经网络算法一开始设法将"侧卧的仙女"（Reclining
Nymph）这一典型形象的整体构图与不同的主题联系起来，比如在《普
洛克里斯之死》（*Death of Procris*）中就有一个卧姿的女性形象，以及
大卢卡斯·克拉纳赫（Lucas Cranach the Elder，1472—1553）的《仙女》
（*Nymph*）。搜索结果包括了扬·凡斯科雷尔（Jan van Scorel，1495—
1562）的《沉睡的维纳斯》，这实际上解释了为什么这个主题首先在佛
兰德斯流传，进而在整个荷兰市场传播的一个关键模型。可以看到，搜
索的结果跨越了构图、风格、生产地域和不同媒体，表现出显著的复
杂性。事实上，彼得·克拉斯·苏特曼（Pieter Claesz Soutman，1580—
1657）的雕塑作品《沉睡的维纳斯》也在这一时期诞生了。

贝尔纳多·卢伊尼（Bernardo Luini）的《圣母子与圣约翰》（*The
Madonna and Child with St. John*）是一个特别有趣的案例，探讨了深度
学习算法是如何在一个详细的尺度上或在分析一个或多个参数时发挥作
用的。在这幅画中，施洗者圣约翰和基督拥抱在一起，几乎是在亲吻对
方。这个细节是我们在温莎（皇家图书馆）的第 12564 号对开本中发现
的，是达·芬奇经常描绘的图案之一，有达·芬奇亲笔签名。[1] 如果只看
两个孩子的细节，我们马上能够想到马尔科·德奥格约诺（Marco D'Og-
giono）和乔斯·范·克里夫（Joos van Cleve），他们正是以充满自我风格
的方式重新阐释这一主题的两位作者。[2] 德奥格约诺通过一系列有关孩子
们亲吻和拥抱主题的作品而出名，而范·克里夫反映出了一些特征性的

---

① Kenneth Clark and Carlo Pedretti, *The Drawings of Leonardo da Vinci in the Collection of
Her Majesty the Queen at Windsor Castle* (London: Phaidon Press, 1968), 107.

② Laura Traversi, "Il tema dei 'due fanciulli che si baciano e abbracciano' tra leonardismo
italiano e leonardismo fiammingo," *Raccolta Vinciana*, no. 27 (1997): 373–437.

倾向，令他与达·芬奇有所不同，也令他和他的工作室名声在外。然而，他确实从马尔科·德奥格约诺那里借鉴了同样的主题，并受阿姆斯特丹的蓬佩奥·奥科（Pompeo Occo）的委托，对主题进行了重新表述，之后在佛兰德斯和荷兰广为流传。如果你只选择马尔科·德奥格约诺的作品作为该主题的"典型形象"进行筛选，我们的数据库就会检索出所有对于重构该主题的历史有用的画作。此外，你还会找到一幅有趣的、不为人知的且没有被相关文献引用过的作品。这是一幅描绘"圣母子与圣约翰"的无名画作，和达·芬奇在《圣母子与圣安妮》（*Virgin with St. Anne and the Child*）（巴黎，卢浮宫）中描绘的圣母形象很相似。同时，正如我们所见，这也是一幅关于两个孩子拥抱和亲吻主题的作品，就像是达·芬奇和马尔科·德奥格约诺经常创作的主题那样。除了乔斯·范·克里夫（他是在佛兰德斯引进意大利文艺复兴的重要一环），费尔南多·亚涅斯·德拉阿尔梅迪纳（Fernando Yañez de la Almedina）的《圣母子与圣安妮》（华盛顿特区，美国国家美术馆）中也出现了相似的形象。他在意大利待了很长一段时间，并在佛罗伦萨遇到了达·芬奇，并作为达·芬奇的艺术继承人回到了西班牙，是当时意大利艺术界最重要的人物之一。

在艺术品图像的大型数据库中进行视觉相似性的搜索，无疑会发现新的图像之间的联系，也因此会反映绘画之间新的历史联系。通过追踪我们所定义的"典型形象"的传播和转化，或将其确定为"深度学习"的搜索单位，有可能会发现它的演变过程，并建立新的知识库。可以说，每一件艺术作品都是一个临时的传播媒介，也是在漫长的艺术历史中相互关联的中间纽带。①

① 本章记录了在洛桑联邦理工大学数字人文实验室进行的"复制品"项目的研究，该项目与威尼斯乔治·奇加布里埃利尼基金会合作。本章提出的结论均来自伯努瓦·塞金（Benoît Seguin）正在撰写的博士论文。另外，特别感谢参与了本研究的艺术历史学家卡洛塔·斯特廖洛（Carlotta Striolo）。

第六章 博物馆对新媒体技术的需求

戴维·维尧姆

根据国际博物馆协会的定义，博物馆的存在是"为了社会的利益和发展"，该定义也得到了全世界博物馆行业的认可。[①]毫无疑问，技术发展在各类博物馆中占有一席之地，比如在艺术馆的发展，以及在科学、工业、历史或民族志等类型的博物馆中均起到重要的作用。不过，尽管博物馆有这样的责任，但与其说是对新媒体全盘尽收，不如说是让社会对各种技术的应用范围进行反思，就像鼓励我们对入藏的物品和历史进行反思一样。今天的"新"，换句话说，有时被称为"未来"的数字技术，意义何在？

对这个问题的回答，同时也作为博物馆的一种道德义务，将构成本章的第一部分。之后，我将介绍一些旨在促进博物馆专业人士对这些技术使用理解的项目，这些项目是由瑞士国家博物馆协会推出的，并对其背后的原理进行解释。最后，博物馆的选择问题将构成本章第三部分的核心内容，该部分将重点讨论针对观众的数字辅助设备的类型。我会给出一些主观的原则，这些原则可能有助于评估博物馆对新媒体的需求。

关于新技术的讨论

首先，我想展示一张保存在瑞士国家博物馆的照片，名为《未来秘书的工作场所》（*Secretarial Workplace of the Future*）（1976 年，图 6-1），

---

① 2017 年，国际博物馆协会的 172 个成员国及 3.5 万名专业人士明确认可了这一定义。详情请参见：*ICOM Code of Ethics for Museums* (Paris: ICOM, 2013), 3, available on ICOM's website。

在照片的前景中，我们看到一个固定的座椅，一个年轻女子几乎躺在上面，敲打着一个打字机；在背景中，我们能看到当时流行的室内植物，透过窗户，有一辆典型的20世纪70年代的汽车。照片的标题强调了秘书的"办公桌"，它给我们提供了一个表现当时技术的很好的例子：一个符合人体工程学设计的座椅；一台最新的打字机，它的按键呈两条曲线，十分符合手腕的弧度；以及一个配有集成无线通信扬声器的头枕。这个座椅无疑是主人的骄傲，他还专门拍了照片。我们不知道它属于谁，也不知道使用它的秘书是谁，但我们可以想象到，办公室的经理应该很高兴能提高他的私人助理的舒适度和工作效率。

我们第一眼看到这张照片就笑了，因为这种多功能家具"很幸运地"从未真正进入职场。但它也提出了一个问题：今天的我们如何展示关于未来的设备。当拥护新技术的人谈论未来时，他们所表达的其实更多的是他们的价值观、兴趣和希望，甚至是他们的恐惧，而并非是未来几代人即将经历的现实。如今，和过去一样，发明新技术的人总是承诺改进人体工程学，提供"多种功能、轻松使用、永久互联"等。但通过这张照片，我们发现，这些"优点"也可能是令人身心疲惫的手段。这位可怜的私人助理在座位上完全动弹不得，她成了这些多功能家具的组成部分，这种家具仿佛是给完全没有自主性的人开发的。就像照片上的例子一样，如今的新技术很多也是基于家长式的价值观与权力支配关系，它们不一定是社会创新和解放的同义词。这一点在今天尤为突出，从发展中国家中只有几美分报酬的数字化流水线工作，到全自动化的大公司，都是如此。

这对博物馆来说，意味着什么？作为社会文化与智力广泛参与的场所，博物馆有权利，甚至在道德上有义务参与这场关于新技术及其对个人和社会影响的讨论。因为它不仅是购买新技术的客户，同时，也需要将这些新技术交给观众检验。博物馆成为新媒体产品的启蒙者，并向观众进行广泛宣传，这将会引导观众对数字化的看法。

加强博物馆在与数字服务供应商的谈判中的作用

博物馆是数字技术供应商非常重视的客户。作为学习和休闲的场所，博物馆拥有很高的流量[①]，并能直接接触到用户的需求，因此可以成为产品体验的理想环境。然而，这并不意味着博物馆"必须"购置数字设备，我们似乎觉得，只有这样才能进入现代，适应用户的需求，并提供新颖的参观体验。诚然，购买的压力似乎是真实且紧迫的，也似乎是将潜在用户变成消费者的必要条件，但在我看来，这其实是由某些痴迷于新奇事物与新技术的政治家和媒体机构，为了宣传自己的进步形象而刻意营造出来的。

瑞士博物馆协会[②]（Swiss Museums Association）和国际博物馆协会瑞士国家委员会[③]（ICOM Switzerland）分别为博物馆和博物馆专业人员提供服务，为其成员提供关于如何更好地在博物馆空间中使用新技术的建议。要做到这一点，博物馆必须有足够的能力，并尽可能地忽视来自外界的压力。因此，专业人员必须了解现有的技术，并与各自机构的目标相匹配。

瑞士博物馆协会对数字设备的立场可以概括为两点：第一，数字设备提供了服务于博物馆职能的工具。这些工具必须有助于博物馆专业人员的工作，并加强博物馆对用户，特别是对整个社会的影响。第二，并不完全认同这些技术具有"革命性"的意义。事实上，应该先抛开所有对新技术的迷恋，我们才能对其进行深入的思考。这两个原则相当谨慎，希望它能够限制新技术对博物馆的影响，并将新媒体降级为对博物馆职能影响较小的简单工具。这些原则的主要目的是加强博物馆在与新

---

① 根据瑞士博物馆通票基金会（Fondation Passeport Musées Suisses）在2014年进行的调查显示，59%的瑞士居民每年至少参观一次博物馆。

② 瑞士博物馆协会成立于1966年，目前成员单位超过1 100家。

③ 国际博物馆协会瑞士国家委员会，成立于1953年，协会代表了瑞士博物馆的相关专业人士。

技术供应商谈判中的作用，并提高博物馆专业人员在对有关博物馆未来决策中的重要性的认识。为纪念瑞士博物馆协会成立50周年而出版的刊物标题就表明了鼓励赋权的意图："我们希望未来的博物馆是什么样子？选择在我们手中。"[1] 这本刊物于2016年初分发给了所有瑞士的博物馆，内容包含了博物馆的各种问题和主要趋势，以及关于博物馆现在和未来之间差异的研究等。这些不确定因素被转化为大约60个问题，以下列举一些与数字技术有关的问题。

> 您的博物馆向公众展示了哪些模拟和数字系统及格式？
>
> 您希望实体和数字的平衡在未来20年将如何发展？
>
> 您如何看待20年后的博物馆？它是否会脱离实体场所？它会变成一个纯粹虚拟空间吗？[2]

很显然，没有一个答案能够涵盖所有的博物馆。每个博物馆必须根据自己的标准来决定自己的未来。但必须现在就开始采取行动，以便关于未来的计划尽可能地成为现实。在这一过程中，博物馆需要选择最能帮助它实现愿景的合作伙伴。

瑞士博物馆协会的另一份以提高公众认识为目的的出版物，与新技术有更直接的联系，名为《社会网络与博物馆——决策辅助工具》[3]（图6-2）。目前，几乎所有的瑞士博物馆都至少在一个社交网络上拥有账号，但在2009年，也就是这个出版计划启动的那一年，情况与现在非常不同。一方面，许多博物馆还没有意识到社交网络在营销和与公众沟通方面的重要意义；另一方面，某些博物馆由于级别或技术原因，尚

---

① *Quels musées voulons-nous demain—le choix nous appartient* (Zurich: AMS, 2016), 出版物有德语、法语和意大利语版本。

② 同上书，9–13。

③ *Réseaux sociaux et musées—aides à la décision* (Zurich: AMS, 2014), 出版物有德语、法语和意大利语版本。

无法在这些平台上展示自己。瑞士博物馆协会曾参与过一个项目，其目的是明确找出博物馆在利用社交网络方面的障碍，并给出博物馆在使用网络方面的指导和建议。该项目的研究结果公布后[1]，我们出版了这本简短、便捷、实用、多语种版本的书籍，作为对尚未使用社交网络的博物馆在开始使用时的辅助工具，也作为已活跃在社交网络上的博物馆对其使用情况进行评估的工具。最重要的问题是，博物馆应定期评价、调整辅助和评估的参数。博物馆希望通过这些（新的）传播手段来实现什么目标？它是想吸引新的观众，还是提高观众的黏性和忠诚度？它是否想推广活动、联系活动并与观众或其他专业人士进行对话？还是想让观众参与未来的展览计划，收集某些物品的信息？每个目标都有自己的社交网络和传播策略。

2014年，作为瑞士博物馆专业人员课程培训的主要实施部门，国际博物馆协会瑞士国家委员会组织了一个关于"观众可使用的移动技术"的主题课程。[2]第一次开设该课程时，在线注册开始后，名额很快就报满了，此后，该课程成为常设，每年开课。它的火爆程度表明，博物馆的专业人员需要意识到他们可利用的各种技术的可能性，从而提高他们从事文化传播与教育活动的质量，这是该课程的主要目的。其次，该课程是为博物馆提供与技术供应商谈判的工具，以尽量降低他们购买的新技术和服务在价格、质量和适用性等方面难以评估的风险。

各个博物馆协会为博物馆提供的服务都不相同，例如，分析过程、技术课程和评估检查量表等。这些就是瑞士博物馆协会在帮助博物馆面对新技术带来的挑战和机遇方面所发挥的作用。

---

[1] Axel Vogelsang, Bettina Minder, and Barbara Kummler, *Social Media für Museen, ein Leitfaden zum Einstieg in die Nutzung von Blog, Facebook, Twitter & Co für die Museumsarbeit* (Lucerne: Hochschule Luzern, 2011).

[2] 2015年，国际博物馆协会瑞士国家委员会共举办40余场课程及培训，有500多名参与者报名。详情请参见 *2015 annual report* (Zurich: ICOM Switzerland, 2016)。

数字化工具的最佳使用方式

1. 了解如何作出选择和给予选择

在使用观众数字辅助设备之前，让我们首先确定一下判断数字资源质量的原则和标准。当然，这份清单并不详尽，我的目的是阐明如何在进行博物馆藏品展示的同时改善观众体验。

选择设备的第一个标准是它是否能够提供博物馆所希望的服务。例如，一些策展人曾尝试用屏幕取代印刷品，然而，当屏幕并不能提供额外的信息时，用新技术代替经过考验的可靠技术是没有意义的。新技术其实很难完全取代现有的形式，但它们为组织者提供了更广泛的思路和选择。数字工具须为博物馆和观众提供额外的选择，在展览中的各种新技术、新媒体数量的增加，意味着有更多的方式来展示和反馈内容。互动式屏幕可以提供随时更新的信息，这样就意味着展览中的交流空间大大丰富了。观众与屏幕互动，策展人则可以收到他们对展览的反馈和分享。当然，即使在新媒体出现之前，观众的观展模式也是自由的，比如，他们当然可以对一些展品驻足细品，对另一些展品走马观花。然而，针对展览的数字信息的按需获取使观众更直接地参与进来，并给他们更广泛的选择。数字辅助设备的意义在于，策展人需要考虑观众的信息需求范围，在保证展览主题的合理性和连贯性之外，将更多展览相关的信息以不同形式来呈现。

2. 看屏幕，还是看实物

博物馆的需求和观众的观展自由之间显然存在着差距。"自拍"就是一个很典型的例子。自拍时，你需要从感兴趣的事物上转过身来，看着你的手机。这难道不是与博物馆的愿望背道而驰吗？博物馆这个独特的场所，鼓励此时此地的参观和发现，数字辅助设备是不是应该鼓励观众直接面对实物，而不是在屏幕前花费更多的时间呢？因此，数字工具的第二个标准可能是，找到激发我们使用的欲望和鼓励用户参观展览之间的平衡。一些博物馆在其数字导览系统上展示展品的照片，观众可以进行放大，看到细节，甚至将展品翻转。[①]这很新颖，但同样令人沮丧，展品实物就摆在你的面前，可它却没能展示出在导览上的样子，如果策展人觉得展品的细节很重要，为何不能在实物上直接展示出来呢？一方面，数字导览的即时信息为观众提供了更多他们感兴趣的内容，但另一方面，导览中过多的信息也会使实物展品的可看性降低，因为看实物并不能得到更多东西。参观博物馆是一种在物质环境中的物理体验，为了鼓励用户使用，数字辅助设备的设计应是简单易用且用户友好性强的，让观众迅速了解它的使用方法，获得所需信息，而不是先花时间去研究它的运行方式。因此，让观众将应用程序下载到手机上的方法比较好，因为他们更熟悉自己的设备。但如果导航和图标不够清晰明了，那就很难使用。简单易用是数字辅助设备的必要条件，这意味着令观众有更多的时间去发现和思考展览和展品。就像之前提到的著名的《未来的秘书工作场所》一样，符合人体工程学的工具会令工作更有效率，但与20世纪70年代的那个例子相比，现在的用户还必须感到自由：移动的自由度以及使用的自由性。因此，数字辅助设备的理念应该是既不能操作烦琐，也不能以任何方式对用户加以限制。

如今的展览中，通常都会穿插视频或音频，也许在展览空间中呈现，或者在观众可用的移动设备上呈现，但往往并未给出时长。相比较而言，在展览的墙上、显示器上或论坛评论上的文本的长度是显而易见的，观众可以根据自己的喜好选择，也可以根据标题和文本的长度来选择阅读。有时由于屏幕尺寸的限制，在屏幕上只能显示部分的文本会设滚动条，滚动条会给出文本长度的提示。视频的长度提示一般是由视频的剩余时间显示或进度条位置提供的。这些标识对于增加使用该服务的可能性至关重要。如果希望观众花更多时间来参观展览，那么视频则需

---

① 例如，日内瓦民族志博物馆（Ethnographic Museum of Geneva）自2014年起使用eMEG应用程序。

要简短一些。较长的视频影像可以设置在展览的特定空间，或者放在博物馆的网站上，但事实是，如果可以在移动设备上播放，那么观众几乎不会完整观看。而音频则不同，由于不需要占用视力，观众往往会一直播放着，同时，因为一般的数字导览在播放音频时，都可以让观众在一定范围内移动，因此，他们会边看展览边听。数字辅助设备的目的是为展览和展品服务的，它致力于传达展览的观点，并将展览的信息提供给观众。原则上，它们不应与展览和展品争夺用户的注意力和使用时间，也就是说，数字辅助设备既不应该隐形，也不应脱离展览的整体风格。由于博物馆是为观众感知藏品的美学和物质属性的地方，这一原则也应适用于博物馆提供的数字辅助设备上。这些设备同样应该是展览的一部分，由于其在视听方面的吸引力而被观众广泛使用；但同时，它们的品牌或不同属性，与观众无关，应该尽可能不被注意到。

为了鼓励人们专注于展览本身，而不是长时间盯着屏幕，还可以在数字导览中加入另一个功能：提示展览发生的实际地点，例如，在博物馆的建筑图上标明观众的确切位置，或者最好可以提示观众可能错过的某些展览部分。强调建筑可以提供关于博物馆建筑本身的信息，比如博物馆历史、使命、结构等。尽管博物馆建筑也是观众体验的一部分，但博物馆一般很少展示，因此，便携式数字导览是提供这类信息的一种非常实用的手段。

总之，在理想情况下，数字辅助设备对观众来说操作方法简明且直观，是一种可选的、易用的资源。它应该是美观简洁的、方便易用的，有自己独特的作用，从而成为展览的一个组成部分。最重要的是，它应该鼓励观众去看展出的藏品，并向观众指出参观博物馆的独特之处：知识和物理环境。

3. 通过直接反馈改进展览

新技术为参观博物馆的观众提供的优势，对于在那里工作的专业人员也有同等的意义。好的数字辅助设备不应只简单地适用于参观展览，也应适用于博物馆工作人员。一个电子平板拆开后可以很简单地复原，而一个系统问题则可能要等上好几天才能有专业技术人员来处理。信息系统是很复杂的，决定其品质的标准之一是，系统对博物馆专业人员来说是否简单易用；选择数字辅助系统的另一个重要因素是它是否允许参观者提供反馈。习惯于用手机发送短信的观众会发现，他们现在可以直接对一个展览提出意见，添加评论，甚至添加博物馆不知道的藏品信息。但其实最重要的是，博物馆给了他们这样的机会，工作人员要有动力去阅读、执行并反馈这些信息。与博物馆意见簿相比，这种交流形式的优势在于可以快速和方便地处理信息（例如，可以通过关键词搜索）。

如今，技术的进步允许博物馆收集更多关于观众的信息，部分是在他们不知情的情况下。大多数信息技术公司对此毫无顾忌。出于道德原因，博物馆必须非常小心地收集和处理这类敏感信息。相比之下，由便携式数字辅助设备提供的匿名使用者流量数据，分析和处理的问题较少，针对性强，且十分实用。[①]例如，在展览的过程中，可以针对这些数据，对过于局限的展陈空间或观众普遍缺乏兴趣的展览部分进行及时调整。策展人还可以了解到哪些展品和展陈设计方案最受关注，并为未来的展览积累有益的经验。

呼吁合理使用数字技术

最后，我想呼吁大家，在博物馆中须谨慎合理地使用数字技术。如果说有一个地方，理性总是优先于手段，那一定就是博物馆。因此，不同媒体的使用策略，应该始终是对多媒体在环境中的适用性进行仔细思考的结果。如果能够消除新技术中吸引眼球的炫技，并对其使用进行仔

---

① 例如，多媒体指南软件 Xpedeo，自 2016 年以来一直在德国多特蒙德的 DASA 世界工业博览会上使用。

细的规划，它们将为博物馆在传达展览信息方面提供更大的可能性。如果能尽量考虑到观众的需求，展览无疑会更上一层楼。数字辅助设备为博物馆提供了机会，但需要对观众需求进行非常精确的分析。数字设备可以帮助博物馆实现在沟通信息和满足观众需求方面的目标，但是，即使它们可以激发博物馆开发新产品、举办新展览的想法，它们本身也不应该成为目标；相反，它们应该仅仅成为吸引人们注意博物馆及藏品的独特特征的另一种方式，即通过数字设备本身的功能和属性。

尽管如此，如果一个博物馆在分析了全局之后，选择不配备数字辅助设备，也不是不能适应当今的环境。我们非常鼓励博物馆环境的多样性，因为这也代表了博物馆所有者的多样性。一些场馆要求观众将手机留在入口处[①]，或者用手机换取一本记事本。[②] 对于博物馆或观众来说，他们不是非得这样做，但如果这么做，策展方就需要对其目的给出明确的解释。只有谨慎合理地使用数字辅助技术，才能真正提高博物馆的形象以及游客的体验度。

---

① 例如，2011 年在瑞士伦茨堡的施塔普费尔故居博物馆（Stapferhaus）的名为"家"（Home）的展览中，就有这样的规定。

② 例如，2014 年在荷兰阿姆斯特丹国立博物馆（Rijksmuseum）举办的"开始画吧"项目。

数字版权管理

文森特·萨尔瓦德

简介

版权通过赋予创作者对其作品的专有权来保护作者这个群体。他们对自己的作品拥有垄断权，并能够将其转让给第三方（出版商、生产商等），但这种保护通常并不完全[①]，因为作品的使用者和公众的利益也必须列入考量范畴。因此，版权经常成为不同利益方之间不和的原因。创作者对其作品的垄断是基本原则[②]，但比如在私人使用[③]、引用[④]和对当前事件的报道[⑤]等情况中，也存在对这一原则的例外和限制。正如在后文会提到的，其中一些例外对博物馆特别有利。

在瑞士，版权是建立在保证所有权[⑥]的基础上的，但作品的使用者也可以从诸如言论和信息自由[⑦]、隐私权[⑧]、媒体[⑨]和艺术表达自由[⑩]等其他基本权利中受益。通过允许版权之外的其他例外情况，法律规范了不同宪法权利之间的矛盾。[⑪]只有在特殊情况下，国际条约才允许对作者作品的专有权加以限制：这些限制不能损害对作品的正常利用，且不能对权

---

① 请参见《瑞士版权法案》（Swiss Copyright Act）（以下简称CopA）第九条第一款、第十款以及第十六条第一款的内容。

② 请参见《瑞士版权法案》第五条。

③ 请参见《瑞士版权法案》第十九条。

④ 请参见《瑞士版权法案》第二十五条。

⑤ 请参见《瑞士版权法案》第二十八条。

⑥ 请参见《瑞士联邦宪法》（Federal Constitution of the Swiss Confederation）（以下简称Cst）第二十六条的内容。

⑦ 请参见《瑞士联邦宪法》第十六条。

⑧ 请参见《瑞士联邦宪法》第十三条。

⑨ 关于媒体自由请参见《瑞士联邦宪法》第十七条。

⑩ 关于艺术表达自由请参见《瑞士联邦宪法》第二十一条。

⑪ 请参见《瑞士版权法案》第十九至二十八条。

利人的合法利益造成不合理的损害。① 这被称为"三步检验法"。

而保护作品的各类技术措施的出现，打破了原本既定的平衡，经过长期实践的解决方案突然受到了质疑。因为"数字版权锁"的出现，数字作品的用户有可能被剥夺上述版权法中规定的各种例外。立法者正在着手解决这个问题。但最初的法律被技术破坏了，而技术又带来了法律的反扑，尽可能地阻挠技术的发展。本章将着重从瑞士法律的角度讨论这一事件，但我相信，瑞士的解决方案可能对其他国家也具有一定的借鉴意义。

对博物馆有利的版权限制

版权法中的一些例外情况与博物馆关系密切。在瑞士，这些例外情况有可能影响为保护藏品② 或出版目录③ 而制作必要的作品副本的可能性。在 2001 年 5 月 22 日欧盟出台的《关于协调信息社会中版权和相关权利的条例》(The Harmonisation of Certain Aspects of Copyright and Related rights In the information Society) 中规定，欧盟成员国的博物馆和档案馆有权不遵守专有复制权的限制，因为这些组织不以获得直接或间接的商业或经济利益为目的。④

根据《联邦版权及相关权利法》(Federal Act on Copyright and Related

---

① 请参见《伯尔尼公约》(Bern Convention) 第九条第二款的内容，《贸易知识产权协定》(Agreement on Trade-Related Aspects of Intellectual Property Rights, TRIPS) 第十六条，《建立世界贸易组织的马拉喀什协议》(Marrakesh agreement Establishing the World Trade Organization) 1C 中的相关内容，《世界知识产权组织版权条约》(WIPO Copyright Treaty, WCT) 第十条的相关内容，《世界知识产权组织表演和录音制品条约》(WIPO Performances and Phonograms Treaty, WPPT) 中 16.2 中的相关内容。

② 请参见《瑞士版权法案》第二十四条。

③ 请参见《瑞士版权法案》第二十六条。

④ 详情请参见《关于协调信息社会中版权和相关权利的条例》中第二章第五条的内容。

Rights, CopA）中第二十四条第一款之二的规定，博物馆可以复制作品以保护其藏品，前提是这些行为并非出于经济或商业利益。这项规定的目的是允许作品（特别是数字藏品）在新的设备上进行备份，以解决数字设备由于使用时限带来的问题[①]，而这有利于"以保护我们的知识和文化资产为使命的机构"[②]。类似规定可能很快会在欧盟推广开来，因为它是欧盟委员会2016年9月14日通过的《关于数字单一市场版权的相关规定》（On Copyright in the Digital Single Market）提案中的一部分。[③]

《联邦版权及相关权利法》第二十六条允许瑞士博物馆出版复制其藏品的图录。这里的"图录"是指展示作品的目录，可以包括对作品的评论和说明。[④]以前，图录是纸质的，如今它也可以是电子的，在展览中的互动终端上进行展示。[⑤]但在《联邦版权及相关权利法》第二十六条所给出的定义中，"音像制品"是否可以称为"图录"，无论是法条还是庭审判例都尚未给出权威的判断。但我觉得，"音像制品"是能够作为"图录"的，因为无论是"音像制品"还是"图录"，它们都可以

解释一件作品，说明它的历史、重要性和位置，从而赋予展览意义。[⑥]

值得注意的是，瑞士目前正在进行的版权审查中还建议，允许公共图书馆、教育机构、博物馆、展览馆和档案馆等机构在不损害对藏品

---

① Denis Barrelet and Willi Egloff, *Le nouveau droit d'auteur; commentaire de la loi fédérale sur le droit d'auteur et les droits voisins*, 3rd ed. (Bern: Stämpfli, 2008).

② Message, Swiss Federal Council, Feuille fédérale 2006.

③ 详情请参见欧盟议会和理事会的《关于数字单一市场版权的相关规定》中第二条第三款及第五条的内容。

④ Barrelet and Egloff, *Le nouveau droit d'auteur*.

⑤ Marc-André Renold and Raphaël Contel, *in Commentaire romand—Propriété intellectuelle*, no. 28.

⑥ Barrelet and Egloff, *Le nouveau droit d'auteur*.

正常使用的前提下，将其馆藏的藏品进行复制并撰写摘要，加大传播力度，以促进公众对藏品的了解和认识。[①]另外，博物馆也可以从"孤儿作品"的判决中得到启发。"孤儿作品"是指版权所有者不明或无法追查的作品。[②]在瑞士，《联邦版权及相关权利法》第二十二 b 条允许使用含有孤儿作品的音像制品，前提是它们属于公共可查阅的档案、在瑞士本土创作或复制超过十年以上且有相关的集体权利管理组织颁发的使用许可证。[③]因此，当博物馆希望让公众了解那些仍不为人知或作者尚未确定的作品时，这样的条款对他们很有帮助。然而，一些第三方机构也可能希望利用各种公共博物馆或属于公共档案中的孤儿作品。在这种情况下，《联邦版权及相关权利法》第二十二 b 条也具有建设性。值得注意的是，欧盟也有一个关于孤儿作品的条例。[④]

数字版权管理系统及保护

有几种技术措施可以保护文学、艺术或简单的数字作品。[⑤]一种措施是对内容访问进行控制。例如，用户必须支付一定的费用才能查阅在线发布的照片或视频，而访问过程会由加密或随机系统控制。另一种技术

[①] 详情请参见 2015 年 12 月 11 日出台的《联邦版权及相关权利法》修订版第二十四 e 条的内容。

[②] 详情请参见《联邦版权及相关权利法》第二十二 b 条的内容。

[③] 详情请参见《联邦版权及相关权利法》第二十二 b 条的第一款、第二款的内容。

[④] 详情请参见 2012 年 10 月 25 日欧洲议会和理事会发布的关于孤儿作品的某些允许使用范围的条例 2018/28/EU。

[⑤] Jacques de Werra, "Le régime juridique des mesures techniques de protection des œuvres selon les traités de l'OMPI, le Digital Millennium Copyright Act, les directives européennes et d'autres législations (Japon, Australie)," *Revue Internationale du Droit d'Auteur (RIDA)*, no. 189 (July 2001): 79 ff.; Jacques de Werra, "La protection juridique des contenus numériques et ses limites: l'application du droit d'auteur et du droit de la concurrence dans le cadre de l'édition en ligne," in *Quelques facettes du droit de l'Internet: droit des nouvelles technologies de l'information et de la communication*, vols. 3 and 4, ed. Nathalie Tissot (Neuchâtel: Presses Académiques Neuchâtel, 2003), 76–77.

措施则是试图控制内容的使用。比如可以在音乐唱片中设置一个装置来防止数字拷贝；或者通过数字"水印"或"指纹"的形式，将作品、权利人和使用条件的信息与作品本身联系起来。这些措施的目的之一就是确保内容的可追溯性：能够跟踪其在线使用情况，比如下载时间、下载地点、下载频次等。

数字版权管理系统（Digital Rights Management Systems, DRMS）是用于管理授权使用数字内容的一系列技术措施的系统的统称。[1]该系统包括预防（通过控制访问或使用）和识别数字作品的各种技术措施。但针对这种技术，该系统也受到了一定的质疑，因为在互联网上追踪某个作品的同时，也能积累关于用户、消费者习惯的信息。虽然这是由软件自动完成的过程，但这种类型的数据收集可能会对用户的隐私造成威胁。[2]欧盟委员会在21世纪初已经开始针对这个问题进行研究。[3]

1996年，在世界知识产权组织（World Intellectual Property Organization, WIPO）的主持下签署了两项国际条约，涉及版权[4]及相关权利。[5]这两个条约要求缔约国实施适当的法律保护措施和有效的法律补救措施，以打击对权利人在行使其权利时使用的预防和识别技术系统的规避行为[6]。换句话说，在签署这些条约后，各国有义务采取行动，防止规避技术保护系统（例如，使用多次转存绕开防复制机制）。同样，他们也必须禁止强行获取或通过改变管理权限获取所需的信息。这两项条约分别

---

[1] De Werra, "Le régime juridique," 77.

[2] Herwann Perrin, "La gestion des DRM en perspective," [2004-09-21].

[3] Vincent Salvadé, "Digital Rights Management: de l'accès à l'information au contrôle de son utilisation," in *L'individu face aux nouvelles technologies; surveillance, identification et suivi*, ed. Publications of the Swiss Institute of Comparative Law, international conference proceedings, 10–11, November 2004, Université de Lausanne (Geneva/Zurich/Basel: Schulthess, 2005), 112.

[4] 详情请参见《世界知识产权组织版权条约》。

[5] 详情请参见《世界知识产权组织表演和录音制品条约》。

[6] 详情请参见《世界知识产权组织版权条约》第十一条、第十二条；《世界知识产权组织表演和录音制品条约》第十八条、第十九条。

于 2002 年 3 月 6 日和 5 月 20 日生效。瑞士在修订了本国的版权法并出台技术保护措施条例后，也于 2008 年批准了这两项条约。[①]

一些国家的行动更为迅速，尤其是美国和日本，它们作为先驱者，已经通过了关于技术保护措施的国家规则。1998 年，美国通过了《数字千年版权法》（ Digital Millennium Copyright Act, DMCA ）。2001 年 5 月 22 日，欧盟通过了《关于协调信息社会中版权和相关权利的条例》，该条例也包含了关于技术预防系统的规则。[②]瑞士法律、《数字千年版权法》及欧盟条例都禁止规避技术预防系统，同时也禁止"准备行为"[③]。这意味着，生产或销售能够进行规避的设备（或系统）也会触犯条例。根据瑞士联邦委员会发布的调查，禁止准备行为比禁止规避技术预防措施本身更有效。例如，早在 2004 年，由于"准备行为"禁令的出台，旧金山联邦法院禁止了一家公司复制 DVD 的程序的生产和销售。[④]法院认为，这种类型的程序有可能绕过技术预防措施，侵犯了美国的《数字千年版权法》。

博物馆面临的困境

当一件作品仅有数字格式，并受到版权管理相关的技术措施保护时，博物馆有可能无法收藏和使用。

在实践中，这个问题的重要性将取决于所讨论的版权例外情况。对于博物馆来说，制作一份作品图录或目录，原先通常只要在原作未被篡改的情况下进行拍照就足够了。但如今，一方面，原作可能会受到技术

---

① 详情请参见《联邦版权及相关权利法》第三十九 a 至三十九 c 条的内容。
② 详情请参见该条例的第六条、第七条、第十二条，以及序言部分的第 47—58 页。
③ Salvadé, "Digital Rights Management," 113; 以及《联邦版权及相关权利法》第三十九 a 条第三款。
④ Perrin, "La gestion des DRM en perspective," 23.

预防系统的保护。另一方面，这类措施有时也会阻碍藏品的保存。例如，为了创建一个数字格式作品的备份副本，需将作品下载至本地，但这一步骤可能会被数字版权管理系统阻止。由于完全以数字格式提供的各类文化产品数量正在不断增加，未来，这一问题可能会变得十分普遍。

同样，数字版权管理系统的存在也可能阻碍希望将博物馆档案中的孤儿作品介绍给公众的博物馆或第三方对孤儿作品的使用。[①]根据《联邦版权及相关权利法》第二十二 b 条，在瑞士，只要得到收藏协会的授权，使用数字作品就是合法的。[②]因此，如果技术预防措施阻止作品的使用权限，数字版权管理系统将针对收藏机构开通许可"白名单"。那么同样，如果完全以数字格式提供的孤儿作品的数量增加，那么这个问题的重要性也会增加。

确保相关利益平衡的法律手段

1.数字版权管理系统和版权的基本概念

知识产权组织的条约规定了对技术预防措施的法律保护：必须禁止绕开这些系统，换言之，必须确保其有效性。有些人认为，这类似于设立了一个新的版权机制，即版权所有人可以控制对其作品的访问。[③]但无论如何，必须指出的是，通过使用技术预防措施，版权所有人现在可以控制不受版权保护或不再受版权保护的内容的使用。例如，通过这种技术，可以阻止对早已成为开放版权的交响乐曲的访问，或阻止查阅未受

---

① 然而，根据《联邦版权及相关权利法》第二十二 b 条第一款，档案必须向公众开放。

② 详情请参见《联邦版权及相关权利法》第二十二 b 条第一款。

③ Jane C. Ginsburg, "From Having Copies to Experiencing Works: the Development of an Access Right in U.S. Copyright Law," *Journal of the Copyright Society of the USA 50 (2003)*: 113.

保护的通用数据。因此，我们必须面对一个问题：这些措施是否对版权的基本概念提出了挑战——作者死后 70 年的版权期限还是否有效？[①] 作品是否必须具有"个人特征"才能受到保护？[②] 在某种程度上，技术已经超越了法律，不过涉及技术保护的相关版权法案条款及内容已经考虑到了这个问题。《世界知识产权组织版权条约》只禁止规避版权相关的一部分技术系统。[③] 换句话说，数字版权管理系统对其范围内的其他版权内容的保护措施，依然有可能被规避。瑞士立法选择的方案是相同的：《瑞士版权法案》第三十九 a 条只保护"有效技术措施"，即适用于防止或限制对作品和其他受保护对象的非法利用的措施。根据法律分类学的原则，使用权限保留给既不能由合同也不能由法律授权的权利人。[④] 因此，技术措施必须有助于加强权利人对法律规定的使用权利。[⑤] 禁止绕开这些系统只不过是一种补充手段，不应扰乱法律的平衡，即当该条款适用的内容未受保护或已进入公共领域时，就不能对其作出强制性要求。[⑥] 因此，人们开始关注版权或相关权利的范围是否会因为实施"技术保护手段"而扩大。

2. 技术措施和版权例外

基于同样逻辑的另一个问题是版权例外的情况，即是否允许在法律限制范围内使用作品时，也可以出于某些原因绕开版权管理系统？一般来说，相关的法律解释都倾向于版权的例外情况，但它们并不能一劳永逸地解决这一问题。

[①] 详情请参见《联邦版权及相关权利法》第二十九条。

[②] 详情请参见《联邦版权及相关权利法》第二条。

[③] 详情请参见《世界知识产权组织版权条约》第十一条。作为相关权利，还可参见《世界知识产权组织表演和录音制品条约》第十八条的内容，该条款要求需在行使条约规定的权利的框架内实施。

[④] Swiss Federal Council, Feuille fédérale 2006, 3297, 或参见《瑞士版权法案》第十条和第十一条的内容。

[⑤] Swiss Federal Council, Feuille fédérale 2006, 3297.

[⑥] 同上。

美国的《数字千年版权法》允许某些例外情况（例如，有利于非营利性图书馆和教育机构），禁止绕开控制版权作品访问的技术。[1] 此外，《数字千年版权法》赋予国会图书馆馆长（Librarian of Congress）决定是否为"特定类别的作品"设立其他例外的权利，这就是著名的"规则制定程序"[2]。国会图书馆馆长可以在他的任期内创立各种新的例外情况，任期内有效。[3] 为了决定是否采纳这些例外情况，他可以组织公开听证会，公民可以在听证会上提出自己的意见。这就是通过技术手段保护版权作品为什么在美国经常成为话题的原因之一。

欧盟的《关于协调信息社会中版权和相关权利的条例》也要求成员国采取适当措施，确保某些版权例外的权利人能够保障自己的权利。[4] 然而，该条例并没有说明这些"适当措施"应该是什么。此外，它还规定，如果权利人不采取自愿措施，各国可以进行适当干预。这意味着权利人须与用户达成协议，并附带一项威胁性规定，即如果他们不这样做，国家将进行干预。然而这种干预措施的细节尚未确定，因此存在很大的不确定性。

瑞士的情况如何呢？显然，当绕开系统保护是为了获得受版权限制的作品时，禁止绕开的规定并不适用。[5]《瑞士版权法案》第三十九 a 条的四个条款，总结起来如下：

> 禁止绕开的规定不得针对专门为法律允许的用途而绕开系统保护的人。

---

① Pierre Sirinelli, "L'étendue de l'interdiction de contournement des dispositifs techniques de protection des droits et les exceptions aux droits d'auteur et droits voisins," in *Régimes complémentaires et concurrentiels au droit d'auteur*, proceedings of the ALAI 2001 Congress, 13–17 June 2001 (New York: ALAI USA, 2002), 439.

② 详情请参见《数字千年版权法》§ 1201 (a) (i) (C)。

③ De Werra, "Le régime juridique," 117.

④ 详情请参见《关于协调信息社会中版权和相关权利的条例》第六条第四款的内容。

⑤ Swiss Federal Council, Feuille fédérale 2006, 3298.

从这个角度而言，阻止用户从版权法的例外中获益的技术系统不受法律的保护。如果博物馆绕开这一版权保护系统，制作作品或图录的备份副本[①]，或针对《联邦版权及相关权利法》第二十二 b 条关于孤儿作品的规定，制作孤儿作品的复制件或图录，这种行为则并不违法。

3. 技术措施监测办公室

对技术措施的保护不应威胁到物权所规定的对作品作者的保护和例外情况之间的平衡；而维持这种平衡是一个真正的挑战！为此，瑞士成立了技术措施监测办公室。[②]这个组织的职责是监测技术措施对版权限制的影响，并出具监测结果。如果监察局发现有问题，立法会须采取其他措施。监测办公室还发挥着"联络人"的作用，即在不同的有关人员之间进行调解，并鼓励他们找到共同的解决办法。

监测办公室 2012—2015 年的报告[③]显示，迄今为止，似乎更多的是信息传播的问题，而非有效利用版权限制的情况：作品的使用者对技术措施的后果以及从版权例外情况中获益所采取的措施了解甚少。[④]但是，尽管有这些技术措施，但还是无法完全避免从系统中通过非正常手段获益的情况。监测办公室得出的结论称，在 2007 年修订的法律中，立法者似乎高估了滥用这些措施的可能性。[⑤]

[①]　详情请参见《联邦版权及相关权利法》第二十四条、第二十六条的内容。

[②]　详情请参见《联邦版权及相关权利法》第三十九 b 条的内容："技术措施监测办公室：①联邦委员会应设立技术措施监测办公室，负责下列各项内容：a. 根据第三十九条第二款及第十九条至第二十八条规定的例外和限制情况，监测和报告技术措施的效果；b. 作为用户、出资团体和技术措施用户之间的联络人，鼓励合作解决问题。②联邦委员会负责监督办公室的任务和组织机构。它可以规定受版权的例外和限制保护的内容是否需要采取措施，以及监察局可以采取哪些措施。"

[③]　*Rapport de l'OMET 2012–2015.*

[④]　同上书，17。

[⑤]　同上书，19。

4.版权例外的必要性

法律确立了确保利益平衡的手段，其中对技术措施的保护从属于版权及其相关限制的基本概念。然而，如果用户在获取作品时发现版权是受限的，而无法得到版权则侵犯了合同法，在这种情况下，是否适用于版权例外的情况，这个问题仍然存疑。

不管某些学说的作者怎么说[①]，瑞士联邦法庭已经明确确认了版权例外的强制性，包括不可能对法律上不受报酬约束的活动要求版税。[②]这很容易理解，因为通过设定版权例外，法律能够解决不同宪法权利之间产生的矛盾。[③]立法者评估了各种利害关系，并根据支配社会生活的价值观，对不同基本权利的优先次序进行了排序。因此，很明显，这种关系到社会的价值等级，不应因个人之间的协议而受到质疑。

因此，在瑞士，根据《债务法》（Code of Obligations）第十二条第一款，合同中包含的阻止博物馆从法律规定的版权例外中受益的条款是无效的。这就意味着，如果博物馆规避了技术预防措施，从而从例外情况中获益，这种情况下，是无须适用《债务法》中的责任条款的。

总结

综上所述，就目前情况而言，立法机构还没有找到能够解决所有关于技术措施与版权例外之间关系问题的办法。然而，在作者和用户的利益之间找到平衡的意愿已经得到了体现。从严格的法律角度看，确保用户享有合法使用权利的必要性的法律的严格程度之强，令人惊讶。版

[①]　Reto M. Hilty, *Urheberrecht* (Bern: Stämpfli, 2011), 188 ff; Manfred Rehbinder and Adriano Viganò, *Kommentar URG*, 3rd ed. (Zurich: Orell Füssli, 2008), no. 7 on the subject of art. 19 CopA.

[②]　ATF 127 III 26, 28.

[③]　ATF 131 III 480, 490. Ruedin, art. 19–28 CopA.

权例外被当作社会的一项权利，但事实并非如此。限制一个群体（在这里是指作者）的权利，并不等同于赋予另一个群体权利。例如，长期以来，版权中的私人使用被认为是由于接受现状：由于实际原因，不可能对私人团体使用的作品进行有效监管，因此，它们得以从创作者的版权限制中逃脱。[1] 从某种程度来说，与其为一项不能遵守的权利作出规定，不如干脆授予这项权利。但如今，随着技术的发展，私人使用也可以被监控，我们似乎有充分的理由改变想法。同样，没有任何法律规定作者有义务以易于复制的形式创作作品：例如，规定必须使用某种材料，因为它更容易以保护遗产的目的而进行复制。这也说明社会和博物馆都没有权利为保存而复制。

因此，技术措施的出现可能对某些版权的例外情况提出了挑战。相反，直到现在，立法机构更倾向于维持并加强现有的体系。在我看来，我们应该为此感到高兴，因为版权例外是几项宪法权利之间妥协的结果。在瑞士，艺术自由受到宪法的保障[2]，它是言论自由的一个分支，而言论自由也是一项基本权利。[3] 当博物馆展出一件作品，采取必要的措施对其进行保存或以某种方式使用它，这有助于确保艺术家的表达方式得到传达、保护和推广。而有利于博物馆的版权法的例外在起源上也是符合宪法的，这就证明了对版权基础上的所有权保证的限制是合理的。因此，艺术家和整个社会的利益之间存在着微妙的平衡，而这种平衡不应受到技术保护措施的威胁。我们只能希望，目前在数字信息系统方面的进展不会危及这一结论。

---

[1]   Barrelet and Egloff, *Le nouveau droit d'auteur*, art. 19 CopA, 对于这些人，立法机构倾向于使法律适应现实，为各种私人用途颁发法律许可证，从而避免使用者永久违反法律的情况发生。

[2]   详情请参见《瑞士版权法案》第二十一条。

[3]   详情请参见《瑞士版权法案》第十六条第二款。

本书作者

雷吉娜·博纳富瓦，艺术史专业博士学位，瑞士纳沙泰尔大学艺术史和博物馆学教授

伊莎贝拉·迪莱纳尔多，艺术史专业博士学位，瑞士洛桑联邦理工学院数字人文实验室博士后研究员

让·保罗·富蒙特罗，社会学专业博士学位，法国艾克斯－马赛大学（Aix-Marseille University）数字艺术与人文学科美学与社会学教授

凯瑟琳·格费勒，美学专业硕士学位，艺术家

弗雷德里克·卡普兰，人工智能专业博士学位，瑞士洛桑联邦理工学院数字人文实验室数字人文学科教授

梅丽莎·雷拉，艺术史专业博士学位，电影史专业硕士学位

文森特·萨尔瓦德，法律专业博士学位，瑞士纳沙泰尔大学法学教授

戴维·维尧姆，艺术史专业硕士学位，博物馆学和工商管理专业双学位，德国博物馆协会常务理事，欧洲博物馆组织网络主席

译名表

A

Antoni Muntadas	安东尼·蒙塔达斯
Art Centre Pasquart in Bienne	比尔帕斯卡尔艺术中心
Art in Technological Times	"技术时代的艺术"展览
Ars Electronica	电子艺术节
Alfred Pacquement	阿尔弗雷德·帕克芒
Académie Royale de Peinture et de Sculpture	皇家绘画与雕塑学院
Académie Royale de Musique	皇家音乐学院
Académie Royale de Danse	皇家舞蹈学院
Archives de la Critique d'Art, Rennes	雷恩艺术评论档案馆
Alberto Artioli	阿尔贝托·阿尔蒂奥利
Andrea Gabrieli	安德烈·加布里埃利
Antonio Vivaldi	安东尼奥·维瓦尔第
Ambrosius Bosschaert the Younger	小安布罗修斯·博斯查尔特
Art Basel	巴塞尔艺术展
Abbatiale de Bellelay	贝勒莱修道院

A Trip to the Moon	《月球旅行记》
Allegory of Autumn	《秋天的寓言》
Agreement on Trade-Related Aspects of Intellectual Property Rights, TRIPS	《贸易知识产权协定》

B

Beryl Graham	贝丽尔·格雷厄姆
Barbican Centre	巴比肯中心
Bruno Racine	布鲁诺·拉辛
Beate Söntgen	贝亚特·森特根
Birgit Jooss	比吉特·约斯
Boijmans van Beuningen Museum	博伊曼斯·范伯伊宁根博物馆
Bacchus and the Satyrs	《酒神与萨堤耳》
Brouillages	《干扰》
Baudoin Lebon	博杜安·勒邦
Beginning of a Poem	《诗歌的开头》
Bruno Latour	布鲁诺·拉图尔
Bernardo Luini	贝尔纳多·卢伊尼
Benoît Seguin	伯努瓦·塞金
Bern Convention	《伯尔尼公约》

C

Catherine Gfeller	凯瑟琳·格费勒
Celia Krause	西莉娅·克劳斯
Chiel van den Akker	希尔·范登阿克
Conrad Bodman	康拉德·博德曼
Cybernetic Serendipity	"控制论艺术的意外发现"展览

Commission des publications de la Faculté des lettres et sciences humaines	文学与人文科学院出版委员会
Chris Walton	克里斯·沃尔顿
Centre pour l'imagecontemporaine Saint-Gervais	圣热尔瓦当代视觉艺术中心
Cooperative Society of Music Authors and Publishers in Switzerland, SUISA	瑞士音乐作者和出版商合作协会
Centre Pompidou	蓬皮杜艺术中心
Christine Van Assche	克里斯蒂娜·范阿舍
Cornelis Van Haarlem	科内利斯·范霍莱姆
Camille Corot	卡米耶·柯罗
Cimabue	奇马布埃
Carlos Hernandez Esteban	卡洛斯·埃尔南德斯·埃斯特万
Cézanne	塞尚
Cooper Union	库伯联盟学院
Culture and Congress Centre Lucerne, KKL	卢塞恩文化与会议中心
Centre Paul Klee	保罗·克利中心
Christophe Bruno	克里斯托夫·布鲁诺
Chris Marker	克里斯·马克
Christ in the House of Martha and Mary	《基督在马大与马利亚家》
Carlotta Striolo	卡洛塔·斯特廖洛
Code of Obligations	《债务法》

D

David Vuillaume	戴维·维尧姆
Dominique Belloir	多米尼克·贝卢瓦
Digital Art History	《数字艺术史》
Digital Culture: How Art and Heritage Become Meaningful	《数字文化：艺术和遗产如何变得有意义》

Digital Revolution	"数字革命"展览
Dani Admiss	达尼·阿德米斯
Daniel Langlois Foundation for Art, Science and Technology	丹尼尔·朗格卢瓦艺术、科学和技术基金会
Douglas Davis	道格拉斯·戴维斯
Destino	《命运》
Dominique Monféry	多米尼克·蒙费里
Derek Jarman	德里克·贾曼
Dance of Death	《死亡之舞》
David Guez	戴维·盖泽
Dan Flavin	丹·弗莱文
Dirck de Vries	迪尔克·德弗里斯
Death of Procris	《普洛克里斯之死》
Digital Rights Management Systems, DRMS	数字版权管理系统
Digital Millennium Copyright Act, DMCA	《数字千年版权法》

E

Eidgenössische Technische Hochschule Zürich, ETH	苏黎世联邦理工学院
École Polytechnique Fédérale de Lausanne, EPFL	洛桑联邦理工大学
Erving Goffman	欧文·戈夫曼
Emanuel Büchel	埃马努埃尔·比歇尔
Émile Bernard	埃米尔·贝尔纳
Ethnographic Museum of Geneva	日内瓦民族志博物馆

F

Fondation Custodia	库斯托迪亚基金会

Frédéric Kaplan	弗雷德里克·卡普兰
Fonds Biennale de Paris	巴黎双年展基金会
Fondazione Giorgio Cini	乔治·西尼基金会
Foto Marburg	马尔堡图片库
Francesco Bassano	弗朗切斯科·巴萨诺
Fine Art Society Contemporary	伦敦当代艺术协会
Federico Zeri Foundation	费德里科·泽里基金会
Fernando Yañez de la Almedina	费尔南多·亚涅斯·德拉阿尔梅迪纳
Fondation Passeport Musées Suisses	瑞士博物馆通票基金会
Federal Constitution of the Swiss Confederation	《瑞士联邦宪法》
Federal Act on Copyright and Related Rights	《联邦版权及相关权利法》

G

Getty Research Institute	格蒂研究所
Getty Foundation	格蒂基金会
Giorgio de Chirico	乔治·德基里科
German Documentation Centre for Art History	德国艺术史文献中心
German Museums Association	德国博物馆协会
Gilbert & George	吉尔伯特和乔治
Georges Méliès	乔治·梅里爱
Giovanni Gabrieli	乔凡尼·加布里埃利
Galerie Hauser & Wirth	豪瑟沃斯画廊
Giorgio Vasari	乔尔乔·瓦萨里
Giotto	乔托
Giovanni Morelli	乔瓦尼·莫雷利

Giorgione	乔尔乔内
Gemäldegalerie Alte Meister	古典大师画廊
Gerolamo Marcello	杰罗拉莫·马尔切洛
Girolamo da Treviso	吉罗拉莫·达特雷维索

H

Hédi Dridi	海迪·德里迪
Howard Becker	霍华德·贝克尔
Holbein the Younger	小汉斯·荷尔拜因
HSBC Photography Prize	汇丰银行摄影奖
Hôtel de Ville de Paris	巴黎市政厅
Hard Disk Paper	《硬盘文件系列》

I

Isabella di Lenardo	伊莎贝拉·迪莱纳尔多
International Council of Museums, ICOM	国际博物馆协会
Institute of Contemporary Arts in London	伦敦当代艺术研究院
In the Beginning was the Image	"图像是一切的开始"展览
Institute for Art History and Museology at the University of Neuchâtel	纳沙泰尔大学艺术史和博物馆学研究所
Ilford Imaging Switzerland	伊尔福瑞士公司
ICOM Switzerland	国际博物馆协会瑞士国家委员会

J

Jean Paul Fourmentraux	让·保罗·富蒙特罗
Jean Paul Cassagnac	让·保罗·卡萨尼亚克
Jasia Reichardt	贾西娅·赖夏特
Jon Ippolito	约恩·伊波利托

Jacopo Bassano	雅各布·巴萨诺
Jan Sadeler I	扬·萨德勒一世
Jean Tinguely	让·丁格利
Jean-Luc Godard	让－吕克·戈达尔
Julia Wunderlich	朱莉娅·文德利希
Jessica Nitsche	杰茜卡·尼切
Johann Rudolf Feyerabend	约翰·鲁道夫·费耶拉本德
Jean Nouvel	让·努维尔
Joachim Beuckelaer	约阿希姆·布克莱尔
James Cuno	詹姆斯·库诺
Jan van Scorel	扬·范斯科雷尔
Joos van Cleve	乔斯·范克里夫

K

Kritische Berichte. Zeitschrift für Kunst-und Kulturwissenschaften	《评论报道：艺术与文化科学杂志》
Kunstmuseum St. Gallen	圣加仑艺术博物馆
Kunsthaus Zurich	苏黎世美术馆
Kunsthistorisches Institut	佛罗伦萨艺术史研究所

L

Lesley Keen	莱斯利·基恩
Lev Manovich	列夫·马诺维奇
Les Cartes Vivantes	《玩纸牌》
Leopold Survage	雷欧普·叙尔瓦奇
Lyell Cresswell	莱尔·克雷斯韦尔
Luchino Visconti	卢基诺·维斯康蒂

Milan Monastery Santa Maria delle Grazie	米兰圣马利亚感恩修道院
Marco Robino	马尔科·罗比诺
Monastery of San Giorgio Maggiore	圣乔治·马焦雷修道院
Matthäus Merian the Elder	老马特乌斯·梅里安
Maison Européenne de la Photographie	欧洲摄影之家
Musée du Hiéron in Paray-le-Monial	帕赖勒莫尼亚勒神圣艺术博物馆
Michel Foucault	米歇尔·福柯
Marcantonio Raimondi	马尔坎托尼奥·雷蒙迪
Manet	马奈
Marco D'Oggiono	马尔科·德奥格约诺
Marrakesh Agreement Establishing the World Trade Organization	《建立世界贸易组织的马拉喀什协议》

N

New Media in Late 20th-Century Art	《20 世纪末的新媒体艺术》
New Collecting: Exhibiting and Audiences after New Media Art	《新收藏：新媒体艺术中的展览与观众》
Neil McConnon	尼尔·麦康农
Network of European Museum Organisations	欧洲博物馆组织网络
National Gallery of Australia	澳大利亚国家美术馆
New York: Urban Friezes	《纽约：城市的装饰带》
Non Conservation Laws	《非守恒定律》
Nymph	《仙女》

O

Ovid	奥维德
Olympia	《奥林匹亚》

On Copyright in the Digital Single Market	《关于数字单一市场版权的相关规定》

P

Pro Helvetia	瑞士文化基金会
Peter Greenaway	彼得·格林纳威
Pierre Alain Mariaux	皮埃尔·阿兰·马里奥
Pascal Griener	帕斯卡尔·格里纳
Paul Klee	保罗·克利
Pier Paolo Pasolini	皮耶尔·保罗·帕索里尼
Paolo Veronese	保罗·委罗内塞
Pipilotti Rist	皮皮洛蒂·里斯特
Predigerkirche in Basel	巴塞尔传道士教堂
Pygmalion	皮格马利翁
Pulsations	《脉动》
Passing the City Through You	"穿越你的城市"展览
Peter Weibel	彼得·魏贝尔
Pauwels Franck	保韦尔斯·弗兰克
Paolo Fiammingo	保罗·菲亚明戈
Panofsky	帕诺夫斯基
Palma Vecchio	帕尔马·韦基奥
Paris Bordone	帕里斯·博尔多尼
Pieter Claesz Soutman	彼得·克拉斯·苏特曼
Pompeo Occo	蓬佩奥·奥科

R

Régine Bonnefoit	雷吉娜·博纳富瓦
Rainer Verbizh	赖纳·韦比

Ruth Reiche	露丝·赖歇
Rethinking Curating: Art after New Media	《策展再思考：新媒体下的艺术》
Rolf Klappert	罗尔夫·克拉佩特
Russell Connor	罗素·康纳
Rubens	鲁本斯
Rijksmuseum in Amsterdam	荷兰国立博物馆
Rembrandt	伦勃朗
Robert Booth	罗伯特·布思
Riva on Lake Garda	《加尔达湖畔的回忆》
Rob and Nick Carter	罗伯和尼克·卡特
Roberto Cipolla	罗伯托·奇波拉
Robert Rauschenberg	罗伯特·劳森伯格
Renzo Piano	伦佐·皮亚诺
Roland Barthes	罗兰·巴特
Réseauxsociaux et musées—aides à la décision	《社会网络与博物馆——决策辅助工具》

S

Swiss Institute for Art Research	瑞士艺术研究院
Susan Legêne	苏珊·莱根
San Francisco Museum of Modern Art	旧金山现代艺术博物馆
Smithsonian American Art Museum	史密森学会美国艺术博物馆
Short Cuts	"捷径"展览
Solomon Guggenheim Museum	所罗门·古根海姆博物馆
Swiss Video Repères: Bauermeister, Minkoff, Olesen, Otth, Urban	"瑞士视频代表作：鲍尔迈斯特，明科夫，奥勒森，奥特及城市"展览
Schweizer Video	《瑞士视频展》

Singing Sculpture	《唱歌的雕塑》
Salvador Dalí	萨尔瓦多·达利
School of Art in Glasgow	格拉斯哥艺术学院
Saladelle Cariatidi of the Palazzo Reale	米兰王宫女像柱厅
School of Visual Arts	纽约视觉艺术学院
Several Versions of Her	"多面的她"展览
Séverine Fromaigeat	塞弗兰·弗罗迈雅
Spring	《春》
Sleeping Venus	《沉睡的维纳斯》
Sasso Ferrato	萨索·费拉托
Secretarial Workplace of the Future	《未来秘书的工作场所》
Swiss Museums Association	瑞士博物馆协会
Stapferhaus	施塔普费尔故居博物馆
Swiss Copyright Act	《瑞士版权法案》

T

The 8th Seminar of the École du Louvre	第八届卢浮宫学院研讨会
The Language of New Media	《新媒体语言》
Thomas Hänsli	托马斯·汉斯利
The Last Super	《最后的晚餐》
The Wedding at Cana	《迦拿的婚宴》
Technological Measures Monitoring Office	技术措施监测办公室
Timothy Stroud	蒂莫西·斯特劳德
Taking a Line for a Walk	《排队散步》
The Physical Self	"自我"展览
The Bath of Diana	《狄安娜出浴》
The Night Watch	《夜巡》
Transforming	"转变"展览

The Grosser Totentanz	《死神之舞》
The Undressers	《脱衣者》
The Waders	《涉水的人》
The Virgins of Seville	《塞维利亚少女》
Trip into The Land of Deep Insight	《洞察之旅》
The File Room	《档案室》
The Seasons	《四季》
The Annunciation to the Shepherds	《天使向牧羊人报喜》
Titian Vecellio	提香·韦切利奥
The Madonna and Child with St. John	《圣母子与圣约翰》

U

University of Neuchâtel	纳沙泰尔大学
University of Geneva	日内瓦大学
University of Provence, Aix-Marseille	艾克斯·马赛大学

V

Vincent Salvade	文森特·萨尔瓦德
Visual Knowledge Building: Rethinking Art and New Media in Education	《视觉知识建构：教育中的艺术与新媒体的再思考》
VideoArt Festival of Locarno	洛迦诺视频艺术节
Video-Skulptur: retrospektiv und aktuell	"视频雕塑：回顾与未来"巡回展
Video in the Mid-70's: Beyond Left, Right, and Duchamp	《70年代中期的视频：超越先锋、保守和杜尚》
Verein Totentanz	死亡之舞协会
Venus	《维纳斯》
Venus and Cupid	《维纳斯与丘比特》
Venus with Organist	《维纳斯与管风琴手》

Virgin with St. Anne and the Child	《圣母子与圣安妮》

W

Watch This! Revelations in Media Art	"看！媒体艺术的革命"展览
William Doehler	威廉·德勒
Walter Hopps	沃尔特·霍普斯
Wolfgang Becker	沃尔夫冈·贝克尔
Wits Art Museum	威茨艺术博物馆
Warburg	沃伯格
WIPO Copyright Treaty	《世界知识产权组织版权条约》
WIPO Performances and Phonograms Treaty	《世界知识产权组织表演和录音制品条约》
World Intellectual Property Organization	世界知识产权组织

Z

Zentrumfür Kunst und Medientechnologie	艺术和媒体技术中心

译后记

纳沙泰尔大学创建于1838年，是位于瑞士法语区纳沙泰尔州的一所公立综合性大学。自2008年起，该校艺术史和博物馆学专业与巴黎卢浮宫建立了合作关系，开展师生互访及学术交流等活动，旨在通过理论和实践的深度交流合作，促进博物馆学领域的各类研究工作。

卢浮宫研讨会既是学术交流活动之一，也是交流的亮点。在迈松·博雷尔基金会的赞助支持下，每年12月都会在纳沙泰尔大学组织一次关于博物馆学领域当前热门问题的研讨会，来自全世界博物馆界的专家学者齐聚一堂，在一周的时间里各抒己见，热烈讨论。

而随着全球信息革命和数字革命的不断深化，数字化、网络化、智能化已成为博物馆发展的大趋势。在这样的大环境下，以"数字时代的博物馆：新媒体与新中介"为主题的研讨就显得格外应景。而参与的人员也从博物馆界延伸到传播学、法学、社会学、经济学、信息技术、大数据等众多领域的专家。这是一件好事，因为这意味着博物馆学并非一潭"两耳不闻窗外事"的死水，而是正在以开放包容的心态，积极地参与到世界的发展中去。

2018年，妮娜·西蒙（Nina Simon）的著作《参与式博物馆：迈入博物馆 2.0 时代》中文版面世。该书将"参与式博物馆"作为一种新型的哲学取向和设计理念进行阐述，用于指导数字时代的博物馆在社会责任方面的实现。而她的观点在本书当中也得到了印证。作为研讨会的论文集，本书通过八位学者的文章，探讨了新媒体进入博物馆的两种方式：作为交流和存储的工具或作为创作的素材。但有趣的是，虽然主题是新媒体，讨论的背景是数字时代，但所有讨论的结论，都依然围绕着博物馆"以观众为中心"的理念。比如在讨论新媒体相关的展览部分时，无论是通过对巴黎双年展的目录进行分析，从而得出"将视频纳入展览"这一论点，描述了视频是如何在艺术体系中占据一席之地的过程；还是在数字时代，艺术作品与电影之间的界限通过"新技术"与"新媒体"的表现方式逐渐模糊，融合成一种全新的先锋派作品，使从皮格马利翁神话时代便开始的"让静态物品活起来"的梦想得以实现；又或者作者本人以艺术创作者的身份，利用"新媒体"的方式，丰富作品和展览的内容，从复杂的空间环境中获得灵感，使作品在不同的展览环境中焕发新的生机。

这在萨米斯和迈克尔森的研究中也被提到，在基于沉浸式环境体验的实践创新尝试中，借助技术手段让观众产生身临其境的震撼与共鸣，大大点燃了观众的热情。

而在关于博物馆数字艺术作品的收藏保护与文物传播方面，则通过介绍所罗门古根海姆博物馆的"多媒介"项目和洛桑联邦理工大学数字人文实验室"复制品"项目，描述了当"新媒体"成为创作素材时，博物馆需要如何应对这样的变化，调整自身的收藏和传播策略。当然，也许作为一种全新的尝试，本书收录的文章并不是标准答案或者唯一解，相反，本书旨在通过探讨其多样性为读者提供更为丰富的视角和思路。

当然，新媒体的强势加入给博物馆带来机遇的同时，也不可避免地带来了挑战，本书也给出了一些思考。来自纳沙泰尔大学法学院的萨尔瓦德通过阐述各类数字版权管理制度，从专业角度讨论了博物馆等非营利机构是否可以规避及如何规避。

上述有关新媒体在博物馆领域的论述与思考，不局限于国外，同样也适用于我国。党中央历来高度重视中华优秀传统文化的传承弘扬，高度重视博物馆事业的发展。党的十九大以来，习近平总书记站在实现中华民族伟大复兴"中国梦"的高度，对传承中华优秀传统文化、培育社会主义核心价值观、增强国家文化软实力等作出一系列重要论述，对文物和博物馆事业多次作出重要指示批示，提出一系列新理念、新思想、新要求。

同时，为了更好地保护文物安全、传承历史文化，中共中央办公厅、国务院、国家文物局等相继出台《关于进一步加强文物工作的指导意见》（2016 年 3 月）、《国家信息化发展战略纲要》（2016 年 7 月）、《"互联网 + 中华文明"三年行动计划》（2016 年 11 月）、《国家文物事业发展"十三五"规划》（2017 年 2 月）、《关于加强可移动文物预防性保护和数字化保护利用工作的通知》（2018 年 4 月）、《关于加强文物保护利用改革的若干意见》（2018 年 7 月）、《加大力度推动社会领域公共服务补短板强弱项提质量促进形成强大国内市场的行动方案》（2019 年 2 月）等多个重要文件，均指出要提高文物博物馆各领域信息化水平，提升我国文物保护与利用水平，提升博物馆公共服务功能和社会教育水平，更好地促进文物"活"起来，推进"互联网 + 中华文明"行动计划，建设现代博物馆体系，为新时代中国博物馆事业的发展指明了前进方向，提供了根本依据。

诚然，信息化与数字化的飞速发展让博物馆从业者看到了发展的机遇，但我们该如何发展？作为他者的西方及其经验，是否是通往未来的道路？博物馆学的中国经验和中国道路究竟是什么？这些悬而未决的问题，已经困扰了博物馆从业者良久，而我们，同样也没有停下脚步，一直在探索着。

我想，唯有"兼容并蓄，海纳百川"，才能生存，才能进而实现突破。这或许是翻译此书带给我的最大启发。

最后，我想简单描述一下该书中文版面世的过程，并借此机会感谢所有在此过程中付出努力的师友。

作为"中国国家博物馆国际博物馆学译丛"系列之一，本书从一开始就受到了极大的重视，在版权授权的过程中，几经波折，终于顺利办妥。翻译初稿完成后，由北京大学信息资源管理系教授张久珍老师进行审校，并得到了刘贞伶博士的大力帮助，就其中一些关键术语和表述提出了有益的观点。

初次涉足翻译工作，十分有趣也受益良多，但因水平有限，不当之处还请多多包涵。衷心希望本书能为读者带来有益的启发。

戴畋

2023 年 11 月 18 日